Peter Sloterdijk
Selbstversuch

Ein Gespräch mit Carlos Oliveira

Carl Hanser Verlag

1 2 3 4 5 00 99 98 97 96

ISBN 3-446-18769-3

Gesamtherstellung: Clausen & Bosse, Leck
Printed in Germany

Stichworte

I

Carlos Oliveira: Peter Sloterdijk, wir fangen ein Gespräch an, das etwas ausführlicher werden soll als ein gewöhnliches Interview – ein Gespräch, das ganz im Zeichen der Zeitdiagnostik stehen wird. Ich begebe mich damit in die Arena deiner Arbeit, denn Zeitdiagnostik ist, seitdem du vor elf Jahren mit dem epochemachenden Buch »Kritik der zynischen Vernunft« hervorgetreten bist, das Leitmotiv deines Nachdenkens und deines Agierens in der Öffentlichkeit als Redner und Schriftsteller – sie ist inzwischen auch Teil deiner akademischen Arbeit an der Hochschule für Gestaltung in Karlsruhe, an der du seit 1992 als ordentlicher Professor für Philosophie und Ästhetik lehrst.

Peter Sloterdijk: Sollten wir uns nicht im voraus auf einen Begriff von Zeitdiagnostik einigen? Oder warten wir ab, ob sich im Lauf des Gesprächs Gelegenheit für eine Definition ergibt?

C. O.: Was mich angeht, so beziehe ich mich natürlich auf Hegels Diktum, die Philosophie sei ihre Zeit, in Gedanken erfaßt. Seit Hegel gilt als evident, daß die Philosophie nicht mehr nur als Wissenschaft vom Zeitlosen betrieben werden kann, sondern daß sie sich in das Abenteuer der Geschichtlichkeit und der politischen wie technischen Revolutionen einlassen muß. Ich würde unser Gespräch gern unter dieses Motto stellen, obwohl wir natürlich heute wissen, daß so umfassende Ansprüche sich nicht erfüllen lassen.

P. S.: Einverstanden. Ich will nur hinzusetzen, daß es für einen Zeitdiagnostiker heute nicht mehr ausreicht, zu sagen, er datiere sich denkend in eine Situation »nach Hegel«. Das war nach dem Tod des Meisters sinnvoll, vom Jahr 1831 an war das Datum »nach Hegel« zugleich ein Programm, und die beiden wichtigsten Impulse des 19. Jahrhunderts, Existentialismus und Marxismus, sind durch dieses Datum intim charakterisiert. Auch nach 1968 kam noch einmal der Anschein auf, man sei ganz auf der Höhe, wenn man ganz »nach Hegel« denke, aber diese Datierung greift heute ins Leere. Die Zeitdiagnostik muß inzwischen mit anderen epochalen Einschnitten rechnen, und so datieren wir uns heute genauer, wenn wir sagen, wir denken nach Nietzsche, nach Oppenheimer, nach Turing. Von Nietzsche stammt im übrigen die Formel vom Philosophen als Arzt der Kultur – und daher bewegt man sich als Zeitdiagnostiker heute immer auch auf einem von Nietzsche miterschlossenen Terrain. Das impliziert im übrigen, daß man zeitkrank sein muß, um zeitdiagnostisch etwas zu sagen zu haben. Bei Nietzsche kommt die Vision einer höheren Gesundheit hinzu.

C. O.: Demnach hängt der Erfolg unseres Gesprächs davon ab, daß wir an die Wunde, ein Zeitgenosse zu sein, rühren. Wir werden sehr verschiedene Themen anschneiden, doch hoffe ich, daß klar werden wird, wie sie alle zu demselben zeitdiagnostischen und zeitpathographischen Versuch beitragen. Es wird um den Versuch gehen, das aktuelle Lebensgefühl im Westen in Begriffe zu fassen, soweit uns das in einem einzigen Zwiegespräch gelingen kann. Anfangen sollten wir mit einigen Fragen nach dem Selbstverständnis des zeitgenössischen Individuums – und zwar deswegen, weil Individualismus und Subjektivität philosophisch wie soziologisch die Schlüsselphänomene zu sein scheinen. Wie steht es um das

Verhältnis des Individuums zu sich selbst und zum anderen, zur Liebe und zur Sexualität? Selbstverständlich sind wir uns dessen bewußt, daß wir zunächst nur für unseren eigenen Wirklichkeitsausschnitt sprechen können. Daher gehen wir von einem eurozentrisch geprägten Bild der individualistischen modernen Gesellschaft aus – aber *de facto* ist unsere Lebensform zu einem global wirksamen Leitbild geworden, das die Tendenzen der Weltzivilisation *par excellence* verkörpert. Ferner werden wir über das Politische nach 1989 sprechen, vor allem über das veränderte Selbstverständnis der Intellektuellen im öffentlichen Raum, genauer gesagt, über die Intellektuellen der mittleren Generation, zu denen du an prominenter Stelle gehörst. Schließlich möchte ich dich auch nach deiner Einschätzung der aktuellen Medienentwicklungen fragen. Vielleicht finden wir dann auch noch Zeit, um zu untersuchen, warum sich bei manchen Theoretikern heute ein verändertes, wenn man so will ein nach-aufklärerisches Verhältnis zur Religion abzeichnet; und das würde uns Gelegenheit geben, deine in manchem sehr provokanten Überlegungen dazu in unserem angeblich so nach-metaphysischen Zeitalter zu diskutieren.

P. S.: Du willst mich strapazieren…

C. O.: Nein, nein, ich weiß ja, daß deine Zeit knapp ist. Ich komme darum ohne Umschweife zu meiner ersten Frage und meiner ersten These. Ausgehen möchte ich von etwas, was ich die Neurose des neuzeitlichen und des zeitgenössischen Individuums nenne; ich sehe darin die unmittelbare gesellschaftliche Umsetzung eines Grundgedankens der neuzeitlich-modernen Philosophie: diese auf Descartes, Kant, Fichte zurückgehende »Fixierung« auf das Ich, das Cogito, auf das sogenannte Subjekt. Ich würde von dem großstädtischen

Individuum sprechen als einem nomadischen Zombie in der Ego-Gesellschaft: Ist das eine sinnvolle Formulierung? Steckt darin der Ansatz zu einer zutreffenden Analyse?

P. S.: Nun, zutreffend ist diese polemische Formulierung vielleicht insofern, als sie selber teilnimmt am Spiel des modernen Individualismus. Ich will das kurz definieren: Individualismus entsteht, wenn Menschen ihre Selbstbeschreibungen selbst verfassen, also wenn sie anfangen, die Autorenrechte an ihren eigenen Geschichten und Meinungen zu reklamieren. Das kann man vom 18. Jahrhundert an mit Händen greifen – seither sind bürgerliche Individuen potentiell und aktuell Romanhelden und Verfasser ihrer Autobiographien. Im 20. Jahrhundert kommt zum Roman-Individualismus der Design-Individualismus hinzu: jetzt fordern wir auch die Rechte an unserem Erscheinungsbild. Aber was hat dies mit neuzeitlicher Philosophie zu tun? Nun, man könnte ernsthaft der Meinung sein, daß die Entwicklung zum Individualismus eine Nebenfolge aus dem Ansatz der modernen Philosophie ist, das Fundament aller Vorstellungen im tätigen Denken des Denkers selbst zu suchen. Das ganze bunte Volk, das du heute in der Innenstadt flanieren siehst, samt Irokesenschnitt, Springerstiefeln und Tigerlilly im Webpelz – das alles wäre aus prinzipiellen Gründen nicht möglich, wenn nicht Philosophen seit über zweihundert Jahren immer tiefer in den Gedanken eingedrungen wären, daß Sein und Herstellen auf eins hinauskommen. Mit dem alten objektiven, gottgegebenen Sein verschwinden auch die Menschen, die sich als seine treuen Diener verstanden. Nach 1789 kam die klassische Ontologie unters Fallbeil. Wir lassen uns seither mit Mein Herr und Madame anreden, wir wollen uns selbst erfinden und uns im Grundlosen genießen. Denn in dem Augenblick, wo wir die Vorstellung, daß ein Gott durch uns hindurchdenkt, aufgeben und nicht mehr annehmen, daß eine unpersönliche allgemeine Intelligenz sich in uns und durch uns realisiert, in dem Augenblick wird es notwendig, Intelligenz als eine Form des Privateigentums und auch als eine Art von Kapital zu betrachten, das von den Denkenden in Themen und Projekte investiert wird. Wir sind keine Medien des Absoluten, und daher sind wir, wie es so schön heißt, »wir selbst«. Wir leben und denken auf eigene Faust. Hinter dieser Wendung zum Selbersein und Selberdenken mitsamt dem farbigen Kometenschweif an Lebensformen, der daran hängt, steht kurioserweise ein korrekt scholastischer Begriff, nämlich der der Selbsterhaltung, der früher einen kosmologischen Sinn hatte. Er besagt, die Weltmaschine ist so gut konstruiert, daß der Urheber nicht alle fünf Minuten ausrücken muß, um sie vor dem Rückfall ins Nichts zu retten, sie erhält sich selber, sie läuft von allein. Selbsterhaltung impliziert Selbstläufigkeit. Dieses Konzept hat sich zu Beginn der Neuzeit auf das denkende und produzierende Individuum hin verschoben, und infolgedessen hat es schon ein Stück weit seine Richtigkeit damit, wenn wir jetzt das Individuum als den Weltnabel beschreiben. Sagen wir Individuum, so meinen wir ein Subjekt, das sich ins Abenteuer seiner Selbsterhaltung verstrickt und das experimentell herausfinden will, welches für es selbst das beste Leben ist. Wenn du Leute, die nach solchen Spielregeln leben, nomadische Zombies nennen willst, meinetwegen, aber für mich ist klar, daß du von diesen Designer-Individuen redest. Ich glaube übrigens, daß der zweite Begriff – Experimentieren mit sich selbst – unentbehrlich ist, um zu erklären, warum wir mit dem Grundbegriff Selbsterhaltung alleine den modernen Individualismus nicht ausschöpfen. Der Selbsterhalter des 19. und 20. Jahrhunderts ist ein Mensch, der oder die – der weibliche Faktor tritt ja auch hier immer deutlicher in den Vordergrund – sich das Recht nimmt, mit seinem oder ihrem eigenen Leben ohne Schranken zu experimentieren. Das ist die Art und Weise, wie Individuen von heute ihre Modernität ausagieren. Sie sind tatsächlich aus dem antiken wie dem mittelalterlichen Weltbegriff herausgewachsen. Wir sagen nicht mehr, die Welt ist alles, was von Gott so eingerichtet ist, wie es ist – nehmen wir es hin; wir sagen auch nicht, die Welt ist ein Kosmos, ein Ordnungsjuwel – fügen wir uns an der richtigen Stelle ein. Statt dessen meinen wir, die Welt ist alles, was der Fall ist. Nein, auch das ist noch zu scholastisch ausgedrückt, denn in Wahrheit leben wir, als wollten wir uns zu dem Satz bekennen: Die Welt ist alles, womit wir bis zum Zerbrechen experimentieren.

C. O.: Du behauptest also, daß der Begriff Selbsterhaltung nicht alles aussagt, was den modernen Individualismus ausmacht. Zur Selbsterhaltung kommt etwas Gefährliches hinzu. Sie wird ergänzt und über sich hinausgetrieben von einem zweiten Moment. Was ist das genau?

P. S.: Wie gesagt, das experimentelle Element in Tateinheit mit dem Willen zur Steigerung: daß sich das moderne Individuum in seinen Versuchen mit sich selbst die Freiheit nimmt, sich bis an die Grenzen der Selbstzerstörung auszutesten. Das ist ein ziemlich überraschender Zug. Wenn man etwas Vergleichbares in Betracht ziehen will, dann müßte man zurückgehen bis auf die Idee der mystischen Selbstvernichtung, wie sie im europäischen Mittelalter geläufig wurde, vielleicht auch in östlichen Meditationsschulen. Mir scheint, daß da Elemente, die in der christlichen Mystik schon einmal durchprobiert worden sind, heute in einem nicht-theologischen Code wiederholt werden – meistens in der Sprache der gesteigerten Selbsterfahrung, des Rausches, also der Erlebniszivilisation. Die Formel dafür ist: Selbsterhaltung plus Selbstexperiment gleich Selbstintensivierung.

C. O.: Das ist ein Begriff, den deine Leser aus deinen letzten Büchern kennen, vor allem aus deinen Aufsätzen zum modernen Verkehr, zur Automobilisierung und zu dem, was du in Anschluß an Ernst Jüngers Schriften aus den 30er Jahren die allgemeine Mobilmachung genannt hast – was sowohl die Mobilmachung der Körper wie die Mobilmachung der Bilder impliziert.

P. S.: Völlig richtig. Im Konzept Selbstintensivierung steckt etwas, was mit Selbsterhaltungsdenken allein nicht wiederzugeben ist. Nach klassischer Tradition ist weise, wer sich selbst erhält, indem er sich an den Kosmos hält – und noch in der Neuzeit nimmt man zwischen Vernunft und Selbsterhaltung eine sehr tiefreichende Gleichung an. Aber die Moderne hat längst den Raum der Selbsterhaltungsvernunft verlassen. Der Selbstintensivierungswille hat die auto-konservative Leine durchschnitten, man fordert gleichsam ein Recht auf Selbstauslöschung zurück. Wer sich immer vernünftig selbsterhaltend verhielte, der dürfte viele Dinge nicht tun, die längst wie selbstverständlich zu unseren experimentellen Gewohnheiten gehören – diese entgrenzte Raserei, diese absolut gesetzte Steigerungstendenz in allem. Darin verrät sich, daß wir die Grenzen der Belastbarkeit des Selbst, aber auch die Belastungen der alten Natur so sehr hinausschieben wollen, daß einem angst und bang werden muß. Der Weltprozeß im ganzen gleicht heute viel mehr einer Selbstmörderparty in großem Maßstab als einer Organisation von vernünftigen Selbsterhaltern.

C. O.: Selbstmörderparty – das ist ein explosiver Ausdruck, was soll man sich darunter vorstellen?

P. S.: Auf ihr tummeln sich Leute, die sehr komisch werden, weil sie beim Versuch, sich zu erhalten, sich selbst auslöschen. Mein erstes Buch, »Die Kritik der zynischen Vernunft«, handelt von nichts anderem als von dieser Selbsterhaltung zum Tode.

C. O.: Ein Motiv, das du wohl von Adorno übernommen hast.

P. S.: Und das ich aus der Tonart der traurigen Wissenschaft in die der fröhlichen oder tragikomischen Wissenschaft übersetzt habe.

C. O.: Wir haben unser Gespräch angefangen mit einem Hinweis auf den ideengeschichtlichen Rahmen, in dem der Selbsterhaltungs-Gedanke der Neuzeit, dieses Ur-Motiv der Moderne aufgetaucht ist – und von da aus kamen wir wie von selbst zu ersten aktuell zeitkritischen Formulierungen. Ich möchte, daß du diesen Punkt noch etwas weiter entwickelst. Vielleicht kannst du den Gedanken, den du eben abstrakt erläutert hast, dingfest machen an dem »implodierenden« Zustand unserer späten Moderne, um mit Baudrillard zu reden. Wir leben jetzt, wie behauptet wird, in einer Konsumwelt, in der angeblich alle materiellen Bedürfnisse befriedigt sind, zumindest der Möglichkeit nach. Zu welchen Konsequenzen, zu welchen Auswüchsen führt das? Für mich ist noch nicht ganz klar, was du meinst, wenn du sagst, daß das moderne Individuum die Möglichkeiten der Selbstzerstörung und des Rausches noch nicht ausgelotet hat und weiter experimentiert.

P. S.: Den Ausdruck Implosion merke ich mir für später, zuvor will ich noch mal zurückgehen auf die These, daß der typische westlich neuzeitliche Mittelschichtmensch ein Experimentator ist. Der analytische Mythos, der der Weltform der Neuzeit insgesamt zugrunde liegt, ergreift vom 19. Jahrhundert an die ganze bürgerliche Gesellschaft bis in ihre alltäglichen Lebensformen hinein, beginnend mit den romantischen Künstlerkommunen und der späteren Bohème, wo man zuerst mit Beziehungen und Ausdrucksstilen experimentierte. Dieser Mythos von den kleinsten Bestandteilen mochte am Anfang harmlos aussehen, solange man ihn bloß als Expansion der Mechanik auf den Alltag verstehen durfte. Ist es nicht selbstverständlich, daß Ingenieure so denken müssen? Aber was sind schon Ingenieure gegen Fürsten und Bischöfe und Leute mit festen Grundsätzen? Ein paar Uhrmacher mehr bringen die Welt nicht notwendigerweise aus dem Takt, auch nicht ein paar Anatomen mehr. Ein paar Maschinenbauer mehr, und ein paar kritische Philologen zusätzlich – was können sie anrichten? Sie erleichtern das Leben, sie rhythmisieren unsere Tagesläufe, sie verbessern unsere Lektüren; sie nehmen alles auseinander und setzen es neu zusammen, was ist schon dabei? Sollen wir sie dafür aufhängen? – Zunächst ist nicht sichtbar, worauf die analytische Subversion hinausläuft. Der alte Gott und die neuen Maschinen kommen scheinbar noch recht gut miteinander aus. Vom 18. Jahrhundert an wird der analytische Mythos gegenüber den herrschenden Formen des synthetischen Denkens, nämlich den religiösen Systemen, aggressiv. Mit einem Mal sieht man, worauf der militante analytische Mythos aus ist. Indem er alles zerlegt und neu baut, zwingt er die Individuen, ihre Meinungen über Gott und die Welt aus ihren eigenen Überlegungen heraus neu zu erzeugen – ohne sicheren Rückhalt an den alten invarianten Geschichten, dem mythischen Proviant, von dem wir bis gestern lebten. So kommt ein totales Lebensexperiment in Gang, das die Neuzeitmenschen allesamt aufkratzt, weil das Erbe an brauchbaren Überzeugungen, Meinungen, Glaubenssätzen plötzlich dramatisch knapp wird. Die Analyse macht Unbequemlichkeit zum Prinzip, jetzt muß man sich auf permanente Neuerung einrichten. Auf dieser experimentellen Schiene fahren nun die Menschen des 19. und 20. Jahrhunderts mit einer ständig sich steigernden Geschwindigkeit weiter. Wer kann sich denn heute noch einen Altväterglauben zu eigen machen? Ich denke doch, niemand; von Angehörigen sehr, sehr konservativer Restmilieus abgesehen. Die meisten von uns sind im großen und ganzen Gegenwartsmenschen geworden in einem präzisen Sinn: Wir zehren nicht vom Erbe, sondern vom Laufenden. Wenn der alte Ford sagte, Geschichte ist Quatsch, *history is bunk*, weiß jeder sofort, was er meint – wir leben wieder in einem mythologischen Horizont und nicht in Traditionen, weil Tradition haben ja bedeuten würde, daß man eine komplette Welt erbt, wir aber erben sehr wenig...

C. O.: Wieso leben wir heute in einem mythologischen Horizont?

P. S.: Ja doch, mythologisch, weil eine präsentische Kultur wie die unsere sich von zeitlosen Themen ernährt, die sie durch ihre Medien zirkulieren läßt. Unsere *stories* funktionieren genau wie Mythen, selbst die Nachrichten bringen die immergleichen Themen, die immergleichen Unfälle, lauter Urszenen im Gewand von Neuigkeiten. Der Mythos ist eine Methode, die Welt so zu beschreiben, daß in ihr nichts Neues passieren kann. In diesem Sinn wirkt die Summe aller Nachrichten und Geschichten in unseren Medien mythologisch. Denk an die traditionalen Gesellschaften zurück - in ihnen floß ein großer Weitersagestrom von Altväterweisheiten und Altmütterweisheiten durch die Generationen hindurch, so daß jede einzelne Generation nur ein Kanal oder ein Verstärker war, durch den ein tief in die Gattungsgeschichte zurückreichender Redeprozeß fließen konnte – in nicht allzu freien Variationen über wenigen invarianten Mustern. In der Moderne konnte es dabei natürlich nicht bleiben. Die heutigen Rede-Ströme sind viel chaotischer, sie verarbeiten auch Aktualitäten und neue *stories*, an der Oberfläche bunt, divers, unerhört; aber aufs ganze gesehen erzeugen auch unsere Medien eine überraschungsfreie Welt, und dadurch wirken sie wieder mythologisch. Man braucht heute länger, bis man die Invarianten alle herausgefunden hat, aber zuletzt entdeckt man sie doch. Denk an den Hunger nach Serien. Da werden zeitlose *stories*, Liebesgeschichten, Gewaltgeschichten, Verfolgungsgeschichten, Kriminalgeschichten, Geschichten von Verlust und Wiederfinden, Zwischenfälle bei den Reichen und Berühmten oder bei den Mühseligen und Beladenen durch die Gehirne gepumpt – und die gute Nachricht dabei ist, daß eben nichts wirklich passiert.

Aber ich wollte eigentlich den Gedanken von oben zu Ende bringen – der analytische Mythos und das große Abräumen von Altvätererbe. Im 19. Jahrhundert führt der Enterbungsprozeß zum erstenmal zu auf breiter Front sichtbaren Ergebnissen. Da entstehen radikale Lebens- und Ausdrucksstile – ich will nicht sagen als Massenbewegungen, aber doch als Tendenzen, die nennenswerte Zahlen von Menschen mobilisieren. Neue Lebenshaltungen setzen sich durch, Existentialismen, Expressionismen, Automatismen, Nihilismen, Dekonstruktivismen. Das alles bezeugt, wie das Innere freigesetzt und hinausgeschleudert wird, nachdem der klassische Code, der bis dahin dem Subjekt eine Fassung gegeben hatte, zersprengt worden ist. Kennst du Gottfried Benn? Ich weiß nicht, ob er je in Spanien gelesen wurde – bei uns hat er die Maßstäbe gesetzt. Seine Selbstauflösungsexperimente stellen das Äußerste dar, was das 20. Jahrhundert kennt: »Zersprengtes Ich – o aufgetrunkene Schwäre – / verwehte Fieber – süß zerborstene Wehr –…« Daneben das berühmte: »O Nacht! Ich nahm schon Kokain, / und Blutverteilung ist im Gange…« – Wer etwas lernen will über Entformungsgefühle, muß Benn studieren. Er war der Meisterformulierer für das zersetzte Ich, wenn man ihn mit Zwanzig gelesen hat, dann kann einen keine Dekonstruktion überraschen.

Ich wollte aber noch was anderes sagen. Infolge des experimentellen Lebens kommt immer mehr das zum Vorschein, worauf du vorhin, wenn ich recht sehe, mit deiner Frage gezielt hast: Ich nenne es die Nullpunktsituation. Das experimentierende Individuum, wenn es in sich schaut, kann fürs erste kaum etwas anderes finden als das, was Benn in seiner Novelle »Der Ptolemäer« von 1947 notiert hat: Ich »blickte in mich hinein«, sagt er da, »doch was ich da sah, war staunenerregend, es waren zwei Erscheinungen, es war die Soziologie und das Leere«. Ich lese das so: Das Individuum, das sich nicht in seine Eigenschaften gehen läßt, sondern sich selbst einklammert und beobachtet, findet heraus, daß es kein massives Ding ist, sondern ein Hohlraum. Damit wird die Analyse existentiell scharf. Sie sagt mir, ich bin ein Kanal oder ein Durchlauferhitzer für öffentliche Stoffe – Gesellschaftskram, Erlebnisse von außen, angewehte Materie. Da wird vielerlei durchgezogen, aus dem ich mir ein Ich zusammenbrauen soll, und das tue ich auch, so gut ich kann. Ja, so tun es alle, bei denen das Denken sich gegen die eigene Grundlage, den Ich-Zufall gewendet hat. Von da an verstehen die Klügeren, die sich selber gehörig auseinandergenommen haben, wie es um ihr bestes Stück, das liebe Ich, steht. Unter allen Gestalten liegt das Leere – das nimmt die Formen, die Fiktionen zurück. Mein Charaktertheater, mein Weltbild, mein Engagement – das Leere verschluckt solche Gebilde wie nichts. Alle Versuche, vom Sozialen her ein stabiles Selbst aufzubauen, führen in eine entweder inauthentische oder lächerliche Position; im übrigen ist die Postmoderne ein Unternehmen, diese Lächerlichkeiten zu rehabilitieren. Aber zuerst und zuletzt ist das Leere da, und man kann es wissen, vielleicht soll man es auch wissen. Kunsthistorisch erinnert das an das berüchtigte Schwarze Quadrat, das Malewitsch für die Bilderwelt als letzte Reduktionsform herausdestilliert hat. So ein schwarzes Unding ist die Folie für alles Seelische. Anders gesagt – die Seele, die mit sich experimentiert, die sich in die letzten Partikel zerlegt, sie entdeckt sich selber als ein real existierendes Nichts: eine Art Monochrom, eine gleichgültige Fläche – das Flache an sich, die leere Seite im inneren Buch. Dieser pure Grund kann rund sein – Malewitsch hat auch runde Varianten vom puren Schwarz gezeigt –, er kann quadratisch sein, er kann dreieckig sein, oder soundsovieleckig, oder völlig formlos: entscheidend ist nur, daß dieses innere Monochrom *nichts* zeigt, daß es ein leerer Schirm ist. Es ist ein rundes oder ein quadratisches leeres Schwarz, und das bin ich, besser das Ich vor dem Ich, bloßer Grund, ohne Figur darauf, Bildschirm ohne Text. Meine These lautet nun: Die Experimentalkultur kann gar nichts anderes als diese quasi buddhistische Endposition zu produzieren – alle Tiefe ist Oberfläche, aller Inhalt ist Form. Buddhismus *made in Germany*... Genau das kann man seit den 20er Jahren dieses Jahrhunderts wissen, und deswegen...

C. O.: Wieso ausgerechnet seitdem?

P. S.: Weil die Pioniere unter den Experimentatoren, die Angehörigen der expressionistischen Generation, der konstruktivistischen Generation und so weiter damals das Ende der Analyse im Prinzip erreicht hatten. Der radikale Modernismus beginnt ja damit, daß er mit seinen analytischen und konstruktiven Möglichkeiten ans Ende gehen will; er denkt eschatologisch, millenarisch, puristisch – eben radikal. Er zielt auf Endzustände, über die nicht mehr hinausgegangen werden kann. Man konnte daher seit den 20er Jahren im Prinzip wissen, bis wohin Modernismus reicht. Boris Groys hat das in seinen Arbeiten über den russischen Avantgardismus – besonders in dem bekannten Buch über Stalin als Gesamtkunstwerk [1] – glänzend erklärt. Aber der Extremismus dauert nur eine Stunde, dann kommt es zu Revisionen und Kompromissen. Insofern ist es keine müßige kunstgeschichtliche Bildungsexkursion, wenn wir daran erinnern, daß es gleich von den 20er Jahren an in den Künsten ein großes Zurück gegeben hat: Neue Klassizismen traten auf, Ornament, Ironie, Versöhnlichkeit, neue Mythen, Sentimentalität, Figurativität – es gibt in der gesamten aktuellen Postmoderne nichts, was nicht damals vorgeprobt worden wäre. Entstehen kann das alles nur auf dem Hintergrund der erreichten vollständigen Abstraktion, der nihilistischen Loslösung in reiner Formalisierung. Diese Rückkehr aus der Radikalität bedeutet, daß Kultur die Erholung von Schrecken ist – jeder Radikalismus hat etwas Terroristisches, und Kultur ist immer Kultur nach dem Terror. Erst wo der analytische Mythos bis ans Ende gegangen ist, entwickelt sich ein verbindliches Wissen über die Kostbarkeit von Figur, von Gestalt, von Lebensform, von lokalen Sprachspielen, also von all dem, woraus das konkrete Leben besteht, auch wenn man unendlich darüber hinausdenken kann und alles Konstruierte als dekonstruierbar erkannt hat. Die terroristische Reduktion ist nützlich, um ein Bewußtsein für die Fragilität der positiven Lebensformen vor

1 Boris Groys, Gesamtkunstwerk Stalin. Die gespaltene Kultur in der Sowjetunion. München 1996 [Neuausgabe].

dem nihilistischen Grund zu wecken. Diese Einsichten nun waren, meine ich, in den späten 20er Jahren endgültig erreicht. Ich denke an Heideggers unerhörte Phänomenologie der Langeweile, an Benns Formauflösungserfahrung und seine Abstiege in die Urmeere, an Friedländer-Mynonas berüchtigte schöpferische Indifferenz – das war seinerzeit der Geheimtip –, an den frühen Wittgenstein und sein Mystisches, »das sich zeigt«, und tausend andere Dinge, die spätestens um 1930 zu wissen gewesen wären. Heute werden diese Motive von den Künsten, *high and low*, als die letzte Religion der Moderne popularisiert.

II

C. O.: Deine Ausführungen sind für mich nun doch einleuchtend geworden, weil sie den ideen- und theoriegeschichtlichen Rahmen umreißen, in dem der Kult des Individuellen an die Macht kommen konnte. Ich würde gerne einen zweiten Anlauf starten, der sich vielleicht komplementär zu dem verhalten könnte, was du bislang entwickelt hast. Sollten wir nicht von der ideengeschichtlichen auf die sozialpsychologische Ebene überwechseln, um die Entwicklung des heutigen Großstadt-Individualismus zu explizieren? Ich denke vor allem an eine Zeiterscheinung wie die Single-Kultur. Zu deren Grundwortschatz gehören – außer der Hauptüberschrift Individualisierung – Begriffe wie Narzißmus, Ego, Selbstkult, Erlebnisorientierung, Oberflächenkontakt... Wie würdest du die Gedanken von vorhin zusammenbringen mit diesen Phänomenen?

P. S.: Fürs erste durch einen Hinweis auf die Statistik. Ich folge deiner Anregung und sage ein paar Worte über das, was uns neuere demographische Untersuchungen angesichts der jüngsten Lebensformtrends in Großstädten erzählen. Es gibt Städte wie New York, Berlin, Paris, München und andere, die typische Trendbilder für die gesamte westliche Hemisphäre zeigen, wo seit den 80er Jahren circa 60 Prozent Alleinlebende registriert werden. Für philosophisch Gebildete ist es unvermeidlich, in diesem Zusammenhang an das Wort Nietzsches von den »letzten Menschen« zu denken. Aber ich konstatiere eine Ironie: Auch Nietzsche, gerade wo er etwas himmelhoch Bedeutsames sagen wollte, mußte seine eigene Bemerkung unterschätzen, weil er nicht ahnen konnte, welchen Bedeutungszuwachs sein Wort von den letzten Menschen im Lauf eines Jahrhunderts erfahren sollte. Nietzsche wollte den Spießbürger der letzten Tage beleidigen, den ewigen Kleinbürger mit seinen kläglichen Ausflügen ins Höhere – eine Provokation, die auf der elitären Überzeugung beruht, daß die Lebenslust unbedeutender Menschen eine Gemeinheit ist. Heute treten ganz andere Arten von »letzten Menschen« auf, wohin du siehst. Bei ihnen laufen Nietzsches Provokationen ins Leere. Der Typus des »letzten Menschen«, den ich meine – der übrigens seine Präfiguration in den Mystikerbewegungen des 13. Jahrhunderts gehabt hat und der sich im 14. Jahrhundert zum erstenmal als Massenphänomen manifestierte –, ist inzwischen mehrheitsfähig geworden. Der »letzte Mensch«, das ist der mystische Konsument, der integrale Weltverbraucher – ein Individuum also, das sich nicht fortpflanzt, sondern sich selbst als einen Endzustand der Evolution genießt. Dieser Typus bevölkert nun die Großstädte in der modernen Welt. Da kommt eine Art von *Devotio postmoderna* auf, sprich: die Andacht der einzelnen vor sich selber. In religionshistorischer Sicht könnte man die aktuellen Ich-Religionen für ein Echo der *Devotio moderna* aus dem 14. und 15. Jahrhundert halten – das war eine Art von vorprotestantischer Bürgermystik in den nordwesteuropäischen Handelsstädten. Hier wie dort geht es um Edelegoisten, die davon religiös entzückt sind, daß es sie gibt. Sie halten sich für Juniorpartner Gottes und sind sich heimlich sicher, daß der Weihnachtsengel eigentlich von ihnen gesprochen hat. Aus einem Laienpublikum heraus werden jede Menge Berufungen beobachtet, Berufungen zum alleinigen Leben. Berufungen zu einer quasi mönchischen, ekstatischen, selbstgenießenden Existenz, in der der einzelne als der Endverbraucher seiner Lebenschance über die Boulevards schlendert, in seinem Appartement hockt, bei Mineralwasser und Ecstasy, und seine

Augen in einem permanenten Bilderkarneval spazierenführt. Das ist der Typus des bekennenden Singles. Mir scheint, da tritt ein Menschentypus, den wir aus der Religionsgeschichte ganz gut kennen, als säkulare Figur wieder auf die Bühne.

C. O.: Ist das nicht zu positiv gedeutet? Kommen da nicht auch neue Dimensionen von Entmenschlichung ins Spiel, mischen sich nicht auch neue unheimliche Gäste unter die Mitwirkenden der Selbstmörderparty? Meldet sich darin nicht auch das Ungeheuerliche am eigenen Selbst zu Wort?

P. S.: Vielleicht. Ich weiß schon, daß nicht alle Singles informelle Mystiker oder Edelegoisten sind. Der bekennende Single, den ich beschreibe, ist ein Grenzwert eines Phänomens, das oft unfreiwillige Gründe hat. Aber mir kommt es darauf an, den Typus zu stilisieren, damit man sieht, worum es geht. Ich denke zunächst an diejenigen, die ihr Alleinleben als Lebensphilosophie vor sich hertragen und die so etwas wie Mönche eines Unglaubens sind, des Unglaubens an soziale Zusammenhänge. Der läßt nur ein Axiom gelten, nämlich daß die Genüsse des Augenblicks tatsächlich die Genüsse des Augenblicks sind. Der Single ist der leere Mönch, das Schwarze Quadrat auf zwei Beinen. Er will frei sein, darum optiert er für Folgenlosigkeit in seinen Erlebnissen; aber er will weiter genießen, und darum optiert er für den Fortgang des Experiments. Diese beiden Optionen müssen miteinander ausgeglichen werden – also Folgerichtigkeit in der Folgenlosigkeit oder Kontinuität in der Folge diskontinuierlicher Erlebnispunkte. Damit könnte man eine postmoderne Ethik anfangen lassen. Ich stilisiere diesen Typ jetzt ganz bewußt, ohne zu verkennen, daß Stilisierungen prekär sind. Ich erinnere daran, wie in der Weimarer Republik das heute so attraktive Motiv des Nomaden für die Literatur entdeckt worden ist: Damals haben unzählige Literaten den Typus des alleinlebenden, unbehausten, obdachlosen Wanderers beschrieben, den Tippelbruder, den Weltenbummler, den Einzelgänger und Stadtstreicher. Denk an Hermann Hesses »Steppenwolf« und seine Kollegen; nun, alle diese Wölfe wurden abstrahiert und extrahiert aus der Tatsache, daß es nach 1918 und in der großen Krise von 1923 im Gebiet des Deutschen Reiches Millionen von Obdachlosen gegeben hat. Von denen waren nur eine winzige Minderheit bekennende Stadt- und Landstreicher, aber diese wenigen, oder vielmehr ihre Darsteller in der Dichtung, haben die Stilisierung geschafft und ihre Verlegenheit als eine neo-nomadische Existenz zelebriert. Mir scheint nebenbei, es gibt kein Thema der 80er und 90er Jahre, das nicht in den 20ern vorgebildet worden wäre, mit Ausnahme der elektronischen Medien, die tatsächlich *die* Neuheit des letzten Jahrhundertdrittels bringen; darüber sprechen wir sicher später noch. – Kurzum, der Hinweis auf den Typus bekennender Singles sollte zeigen, was das Spitzenphänomen der ganzen Evolution ausmacht: Der typische Zeitgenosse ist der bekennende »letzte Mensch«, der den religiösen Monastizismus parodiert. Was aus dem Alleinsein mit Gott zu lernen war, das wird heute übertragen auf das großstädtische Alleinsein mit einem möblierten Nichts…

C. O.: Herrliche Formulierung…

P. S.: Aber du hast recht, man darf das nicht nur positiv ausdrücken. Es gibt eine unermeßliche Leidensgeschichte der Modernisierung. Unter den 50 oder 60 Prozent von Alleinlebenden in Großstädten, die ich erwähnt habe, sind ein gutes Drittel ältere Menschen, die ihren Lebenspartner verloren haben und die sich nicht wieder mit anderen zusammentun können oder wollen. Solche Leute haben Anlaß festzustellen, daß Leben ein irreversibler Prägungsvorgang ist, ein langer Marsch in den Eigensinn, in die Einsamkeit. Das Leben arbeitet an uns wie ein Schlosser an einem viel zu komplizierten Schlüssel, jedes Jahr kommen ein paar tückische Zacken dazu – wenn der Lebensgefährte ausfällt, dann gibt es keinen Nachschlüssel mehr für das ausgefeilte Wesen, das zwanzig oder vierzig Jahre neben dir gelebt hat und das dich aufsperren konnte. So ein verlorener Schlüssel ist nicht reproduzierbar, er kann nur noch fehlen. Für viele Ältere ist das Alleinsein die unausweichliche Folge aus unumkehrbar individualisierenden Lebensgeschichten. Aber das geht mehr und mehr schon unter den Jungen los. Auch die können ihre Partner nicht bei Mister Minit nachmachen lassen. Schau dich um, bereits im Alter von 20, von 25 Jahren ist die Wahrscheinlichkeit, daß du einen Menschen triffst, der dieselben Bücher gelesen hat wie du oder der dieselben Musikstücke, Ferienorte und Filme mag, fast aussichtslos gering.

C. O.: Mir scheint, du redest jetzt von dem, was man früher als die Atomisierung der Gesellschaft beschrieben hat.

P. S.: Ja, die Atomisierung, obwohl, wenn man sich's überlegt, der Begriff hier nicht mehr paßt, weil wir ja damit eine überholte Phase der Naturwissenschaften beschwören. Eher wäre von einer Neutronisierung der Gesellschaft zu reden. Wir sind in der Physik nicht mehr bei Atomen, sondern bei Elementarteilchen, und damit geraten wir analytisch um ein gutes Stück tiefer. Elementarteilchenkombinationen können noch viel individueller sein, und in jeder Lebensgeschichte – das sieht man jetzt deutlich – fangen die Wege in diese Besonderheit sehr früh an, schon die Kinder werden apart und schrill wie Modekönige. Mit dieser Überlegung hatten wir übrigens unser Gespräch begonnen: Das Selbstbewußtwerden der Individualität ist der eigentliche Individualismus. Nicht daß Individuen schon von ihrer Genetik her abenteuerlich unwahrscheinliche Evolutionsgebilde darstellen, von denen es keine zwei gleichen gibt, nicht das ist der Individualismus, von dem die Rede ist; sondern daß in diesen singulären Körpern ein singulärer Geist, ein Ego aufkommt, das von seiner Einmaligkeit etwas ahnt. Die Moderne schöpft den objektiven Individualismus der Gene als subjektives und reflexives Verhältnis aus und probiert herauszufinden, was es heißt, diesen Abgrund der Singularität zu bewohnen – als waches, mutwilliges, experimentierendes Ich.

C. O.: Bevor wir jetzt mit unserer Zeitdiagnose fortfahren und auf die Veränderung unseres Selbstverhältnisses und Selbstverständnisses eingehen, möchte ich dir vorschlagen, die psychologischen Folgen der Entwicklung, die du sehr anschaulich beschrieben hast, zu kommentieren. Ich denke dabei vor allem an Phänomene wie Vereinzelung, Isolierung, Distanzneurosen; also sozialpsychologisch bedingter »ontologischer Autismus«. Du hast eben von 50 Prozent und mehr an Alleinstehenden geredet, das sind übrigens zum Teil auch »sequentiell Alleinstehende«, die eine gewisse Zeitspanne alleinlebend verbringen, um dann einen neuen Lebensentwurf mit einem anderen Partner anzufangen. Soziologen kennen hierfür den Begriff der »sukzessiven Monogamie« – der eigentlich sukzessive Polygamie bedeutet – mitsamt dem ganzen Anhang von Folgeproblemen, etwa dem Durcheinander beim Nachwuchs und anderem. Nimm an, du solltest einen Nietzsche des späten 20. Jahrhunderts spielen, oder die Mischung aus einem Nietzsche und einem linken Spengler: Wie würdest du die weiträumigen Folgen dieser Entwicklungen abschätzen, von denen manche Analytiker mit guten Gründen, wie mir scheint, behaupten, sie seien verheerend?

P. S.: Ich würde als erstes vorschlagen, den Ausdruck »verheerend« in Anführungszeichen zu setzen, weil wir dadurch Befürchtungen in die Welt setzen, durch die wir uns akut verdächtig machen. So verfahren Intellektuelle häufig, wenn sie Kulturkritik betreiben: Sie erzeugen Angst und bewirtschaften dann die Folgen der Angst, die sie schüren – sie sind Krisenprofiteure, Priester in neurotischer Zeit, und eben das möchte ich nicht sein. Ich will keine dunklen Tendenzen lancieren, um diese dann selber auszubeuten. Ich mag Alarmwirtschaft nicht und rate zur Abstinenz von dieser Art von Kulturkritik. Vielleicht hat sich das Phänomen, das uns hier interessiert, noch gar nicht angemessen gezeigt? Was es mit ihm auf sich hat, kann man wohl nur nach fünf oder zehn Generationen bewußter und kohärenter Beobachtungen erkennen, sagen wir in zweihundertfünfzig Jahren, wer weiß? Es könnte doch sein, daß wir viel zu früh losschreien. Vielleicht verkörpert der Individualismus insgesamt doch eine heilsame Evolutionstendenz, die von einem späteren Zeitpunkt her gesehen unentbehrlich und folgerichtig erscheinen wird und keineswegs als der Weg in die Katastrophe, den wir heute beargwöhnen. Diese Möglichkeit möchte ich offenlassen, und deswegen werde ich den Ausdruck »verheerend« nicht *a priori* unterschreiben, obwohl mir klar ist, was du meinst. Es kann auch sein, daß schon in 50 Jahren das Wort »verheerend« ein Understatement sein wird. Umgekehrt ist es möglich, daß wir, wenn wir den Ausdruck jetzt naiv benutzen, später als Kleingläubige dastehen werden, als widerwillig Mitgeschleifte in einem großen Prozeß, von dem wir zu klein gedacht haben. Vielleicht sind wir jetzt nur zu befangen, um einen evolutionären Sprung mitzudenken. Also, verheerend oder nicht, das möchte ich lieber unentschieden lassen. Aber auf deine Frage gibt es trotzdem eine Antwort.

Es ist tatsächlich so, daß die Menschen, die in einem individualistischen Regime heranwachsen, eine Art von integraler Enterbung durchlaufen – das ist ein Begriff, mit dem ich seit einiger Zeit operiere, weil man ihn braucht, um das merkwürdige Losspringen der neueren Generationen von den Eltern zu beschreiben. Etwas Derartiges hat es in keiner früheren Kulturform gegeben. Das Heranwachsen geschieht heute ganz und gar nicht mehr so, wie es in Traditionsgesellschaften üblich war: daß man aus einem Ahnenschoß hervorgeht und von dort sich selber erbt, samt Sprache, Eigenschaften, Platz im Sein und Lebenszielen. – Man erbt den ganzen Horizont und innerhalb des Horizonts eine vollständige Welt. Von solchen Verhältnissen sind wir heute ungeheuer weit entfernt. In einer experimentierenden Gesellschaft ist Erwachsenwerden nicht ohne einen Enterbungsprozeß zu bekommen – und daher ist die Idee des Erwachsenwerdens als solche unscharf geworden. Es gibt ja keine »Ahnen« mehr, keine Vorfahren, deren Testament dir eine komplette Welt- und Lebensform übergibt. Man hat Menschen vor sich, die ihrerseits im Nebel steckten. Die haben dir nicht viel mitzugeben, außer Neurosen und Bankkonten; das sind unsere bleibenden Werte, der Rest sind vergilbte Blätter, vage Programme, die schon gestern nicht geholfen haben. Wenn jemand erbt, fragt man heute, wieviel? Und nicht mehr, was? Auch das ist ein Symptom des Enterbungsvorgangs. Millionen erben, das ist etwas, was nur ganz armen Leuten passiert – ich meine, spirituell Enterbten, lebensformhaft Enterbten, Leuten, die mit ihren Millionen zugleich die Rätselfrage, wie sie leben sollen, übernehmen, eine Frage, auf die der Erbe meist keine Antwort weiß. Die Wahrscheinlichkeit, daß er sie im Laufe seines Lebens findet, ist gering. Sein Leben wird das Experiment sein, das Leben zu suchen, das ein gutes hätte sein können, hätte man mit dem Lebensmittel auch die Lebensform bekommen.

Aber Enterbung ist nur der Anfang; zu ihr kommt auf der spirituellen Ebene die Entgeisterung hinzu, und die reicht viel weiter. Viele Menschen verlieren und vergessen ihre medialen Eigenschaften. Sie werden zu trüben Endverbrauchern von Gütern und Informationen, und Endverbraucher sind immer den Kloaken nahe.

C. O.: Was meinst du, wenn du von medialen Eigenschaften der Menschen redest?

P. S.: Man übersieht heute so leicht, daß Menschen als primäre Medien fungieren – die Apparate kommen zunächst nur als Verstärker zu menschlichen Medien-Eigenschaften hinzu. Als Medien sind Menschen immer Boten – also Menschen zwischen Menschen, Mittelsmenschen. Sie informieren andere Menschen über etwas, wovon sie ihrerseits informiert wurden. In solchen Vermittlungen oder Botengängen ist der ganze Menschheitsprozeß enthalten. Darum sind alle Menschen potentiell Boten, griechisch *angeloi*, deutsch Engel, Informanten über den Stand der Dinge – doch so etwas zu sagen, ist in der vorherrschenden Medientheorie verpönt, die wie besessen Bilder und Apparate zelebriert. Die einzigen, die den Begriff Medium noch auf Menschen anwenden, sind unseligerweise die Okkultisten – das ist bei Licht besehen ein theoretischer Skandal. Überall sonst, wo von Medien die Rede ist, meint man Apparate und Programme. Das illustriert eine problematische Entwicklung und zeigt Verdinglichungen in großem Ausmaß an. Also, wenn das Wort »verheerend« sich eines Tages doch als das richtige herausstellen sollte, dann vor allem deswegen, weil diese Entgeisterungs-Phänomene tatsächlich bedrohlich sind. Menschen, die massenhaft ihrer medialen Eigenschaften beraubt werden – eben durch die sogenannten Medien –, entwickeln die Merkmale des »letzten

Menschen« im bösen Sinn. Wir erleben ein großes Engel-Sterben in uns – letzte Menschen sind leere Engel, Nicht-Boten, nichtssagende Menschen. Du verstehst, ich meine hier *nicht* den »letzten Menschen« aus dem Zarathustra-Prolog, der sein Lüstchen für den Tag hat und sein Lüstchen für die Nacht und der das Glück erfunden hat. Der aktuelle letzte Mensch ist einer, der dem Unglück nichts mehr entgegenzusetzen hat. Entgeisterung ist ein Zustand, der Menschen dazu zwingt, die Flucht ins Erlebnis anzutreten, in den Spaß, in die Aktualität, weil dies die einzigen präsentischen Formen sind, so etwas wie Sinn herbeizuzwingen. Für Enterbte und Entgeisterte gibt es keine Aufgabe, keine Weitergabe, keinen Boten-Gang, nicht wahr? Das individualistische Individuum ist weder ein Gesandter noch ein Geschickter – ein berühmtes Wortspiel von Bismarck, kanntest du das? –, das Individuum ist einfach der Mensch ohne Auftrag, der Nicht-Bote. Es stellt eine Art Halbfabrikat dar, genau das im übrigen, was die moderne Erziehung aus Menschenwesen machen will, Halbfabrikate, die sich selber zu einem brauchbaren Fertigprodukt weiterverarbeiten sollen – was kaum jemand schafft. Es war Sartre, der die Ideologie hierzu geliefert hat, wenn er sagt, es kommt darauf an, etwas aus dem zu machen, was man aus uns gemacht hat.

Es gibt in den Tagebuchaufzeichnungen von Franz Kafka, die wohl auf die Zeit des Ersten Weltkriegs zu datieren sind, eine Stelle, die in die berühmten »Betrachtungen über Sünde, Leid, Hoffnung und den wahren Weg« eingegangen ist, – Max Brod hat sie aus Kafkas Nachlaß ediert. Das Stück geht so:

»Sie wurden vor die Wahl gestellt, Könige oder Kuriere zu sein. Nach Art der Kinder wollten sie alle Kuriere sein, deshalb gibt es lauter Kuriere. Und so jagen sie, weil es keine

> Könige gibt, durcheinander und rufen einander selbst ihre sinnlos gewordenen Meldungen zu. Gerne würden sie *ihrem* elenden Leben ein Ende machen, aber sie wagen es nicht wegen des Diensteides.«

Ich kenne keine bessere Theorie des entgeisterten Subjekts – im übrigen auch keine schärfere Beschreibung des modernen Journalismus. Tatsächlich sausen die Überbringer der Botschaften im Leeren herum, ohne zu haben, was sie sagen sollen. Die kindischen Boten, das sind wir alle, die sogenannten Autoren. Wir haben niemanden hinter uns, keinen König, durch dessen Machtwort unsere Sendung sinnvoll würde. Wo ist also der Absender? Wer spricht eigentlich? – Das sind die wirklich modernen Fragen. Kafka hat das Entscheidende gesehen: Wir sind herrenlose Engel. Die Krise der zeitgenössischen Intelligenz drückt sich in dieser Verlegenheit aus: Wir müssen Botengänge machen, die ihre Verbindlichkeit nur aus ihrem eigenen Verlauf und Fortgang erweisen, ohne daß wir Königsbefehle oder Götterwinke wiedergeben und Macht- und Meisterworte von einem Zentrum an die Peripherie tragen. Das alles sind Überlegungen, von denen ich nicht weiß, ob sie Nietzsche oder Spengler gefallen hätten. Ich fürchte, wir werden ohne den Beifall dieser Herren auskommen müssen.

III

C. O.: Einverstanden. Ich sehe ein, daß ich ein vorschnelles moralisches Urteil eingeschmuggelt habe, das von bedenklichen Aspekten der Sache aufs Ganze überschießt. Wir sollten wirklich bei der Diagnose verweilen und sie nach Möglichkeit vorantreiben. Dazu zwei Stichworte: Wie steht es mit den Veränderungen unseres Verhältnisses zum Raum und zur Zeit? Es gibt Theoretiker wie Paul Virilio – dem allerdings wirklich ein moralisierender Ton nicht fremd ist –, die behaupten, wir steckten in einer Entwicklung, die zum kulturellen Selbstverlust führt. Virilio spricht, wie du weißt, von dromosphärischer Verschmutzung, also einer Umweltvernichtung durch überhöhte Geschwindigkeit. Vielleicht könnte man dem zustimmen, zumindest dort, wo die beschreibende Kraft seiner Analyse Zustimmung erlaubt. Also wenn Virilio zum Beispiel vom Verlust der Entfernung spricht als Folge der neuen Massenkommunikation, und zwar nicht nur durch Bildmedien, sondern auch durch Flugzeug, Faxmaschine, Telefon und dergleichen. Die Katastrophe wäre dann, daß ständig alles zugleich da ist und daß, wie Baudrillard meint, alle unsere Utopien bereits realisiert wurden. Nun stünden wir herum, tödlich saturiert, von verwirklichten Träumen umzingelt; und der Raum, fügt Virilio hinzu, schrumpft zusammen bis auf einen klebrigen Punkt – in dem hausen wir, wie eine Wohngemeinschaft mit Gespenstern. Deswegen hätten wir ein Gefühl des Weltverlustes, der zugleich ein Selbstverlust ist. Was sagst du zu dieser Diagnose? Worin hat sich unser Verhältnis zum Raum, zur inneren und äußeren Natur verändert?

P. S.: Nun, es sind seit der Kolumbusfahrt 500 Jahre vergangen, unsere Raumrevolution hat inzwischen die Bergdörfer erreicht. Aber man darf nicht vergessen: Jetzt reden wir als Europäer, und nur als Europäer, und obendrein als Leute, die in Kürze das Jahr 2000 schreiben. Auf die Zeitfrage komme ich später zurück. Was Virilio angeht, so ist mir zumute, als hörte ich bei fast allem, was er sagt, die Stimme eines kritischen Christen heraus, der die Folgen des Christentums nicht mehr erträgt. Und so...

C. O.: Moment, langsam – das mußt du genauer ausführen. Das ist viel zu schön pointiert und viel zu überraschend, um das einfach so stehenzulassen.

P. S.: Ob es so schön ist, das weiß ich nicht, Carlos. Ich sehe das so – die meisten Veränderungen unseres Raumbewußtseins gehen auf die Expansionen Europas im Weltalter nach Kolumbus zurück, und bei diesen Expansionen war die christlich-katholische Mission einer der treibenden Faktoren. Ich erinnere mich, vor ein paar Monaten, als ich auf einer Lesereise in Brasilien war, habe ich in einer Kirche eine Skulptur des heiligen Franziskus gesehen, der mit einem Fuß auf dem Globus steht, während er sich zu dem Gekreuzigten hinwendet. Ich sah diese Figur in der Franziskanerkirche von Salvador da Bahia, einem monströsen Gebäude, das innen über und über vergoldet ist, eine barocke Multimediashow mitten in der schwarzen Altstadt, triumphalisch, pervers und in einem charakteristischen Sinn neuzeitlich-katholisch. Wenn man den Globus unter dem Fuß des Franziskus gesehen hat, kann man das übliche Globalisierungsgerede nicht mehr so ohne weiteres ernst nehmen. Die meisten, die den Begriff gebrauchen, haben sich nie die Mühe gemacht, die Geschichte der wirklichen Globen zu rekonstruieren. Der Globus hat eine altehrwürdige Tradition, die bis ins arabische Mittelalter zurückgeht, sogar bis in die Antike. Die Globen sind die Medien gewesen, an denen Menschen, die Macht ausübten, sich die Gestalt der Erde vergegenwärtigten. Wer Macht hat, muß wissen, wie das aussieht, worüber er herrschen will. Der erste reale Globalist war von alters her der Papst; er segnet heute noch an Ostern die Menge mit dem schönen Doppeldativ *urbi et orbi*. Für ihn ist Welt das, was man von Rom aus sieht, wenn man den Blick von den souveränen Hügeln herumwandern läßt rund um die Sphäre des Seienden – orbitale Optik. Wer so schauen kann, ist *eo ipso* Pontifex maximus – übrigens ein Titel, den schon Julius Cäsar getragen hat. Kurzum, noch die heutigen Päpste erben den panoptischen Imperialismus der Caesaren, auch wenn sie im Fernsehen die Massen segnen. Nebenbei muß man sagen, daß ein Papst im Fernsehen weniger sieht, als daß er gesehen wird, und damit wird er zu einem Prominenten unter anderen. Der Globalismus, also die Zusammenziehung des Erdraums in eine Kugel, die auf meinem Schreibtisch steht, ist ein Europäismus, der sehr tief reicht, und Rom ist sein Herd; der Vatikan war die erste Empfangszentrale für Nachrichten aus der ganzen missionierten Welt. Deswegen ist der Vatikan auch die erste dromologisch verschmutzte Ecke des Universums, in ihm hat die Implosion begonnen. Der moderne Papst ist der erste, der sich vor dieser totalen Abstandlosigkeit ekeln muß, aber er darf seinen Widerwillen nicht zeigen, er muß segnen, wovor er sich ekelt. Das muß Virilio nicht, er darf seinen Ekel aussprechen, zu seinem Glück, und Baudrillard darf es vielleicht auch.

C. O.: Ich habe in letzter Zeit mit Virilio und mit Baudrillard ausführlich gesprochen und dabei bemerkt, wie groß die Differenzen zwischen diesen beiden Geschwindigkeitstheoretikern geworden sind.

P. S.: Mag sein. Inzwischen ist aus dem Globus im Herrenzimmer der Fernsehbildschirm geworden; auch auf dem wird die Welt zusammengezogen, folglich kann sich jeder, der einen Fernseher hat, vor allem ekeln. Katholische Intellektuelle wie Virilio täten gut daran, sich bewußt zu machen, daß ihre Religion mit im Spiel ist, wenn sie den großen Globalisierungsekel spüren – diese klebrige Welt ohne Abstände, die schnelle Nachricht von überall, Miseren aus allen Ländern in Realzeit in der eigenen Wohnung. Was Virilio sagt, scheint mir eine Folge von römischen Entropien zu sein. Die Mönche Roms wollten diese Welt überwinden, nun gut, sie haben es geschafft. Weltüberwindung griechisch ergab einst Rückzug in die Wüste, Weltüberwindung römisch ergab Erdumrundung. Virilio beklagt sich zu Recht darüber, daß durch Telekommunikation der Raum schrumpft – aber Telekommunikation ist das Wesen des Katholizismus selbst, nicht wahr? Sie ist Romanismus in Aktion, alle Nachrichtenwege führten zuerst nach Rom. Ich könnte mir gut vorstellen, daß Virilio hier ein verdrängtes katholisches Geheimnis auf die Moderne im ganzen projiziert hat. Allerdings, jetzt ist nicht nur für die Konservativen der Punkt gekommen, wo man sich fragen darf: Was bringt uns die Kontraktion der Welt durch den katholischen Panoptizismus und durch die kapitalistischen Weltnachrichten eigentlich ein? Folglich dieser morose Diskurs bei den Kulturkritikern allenthalben…

IV

C. O.: Pardon, dieser was?

P. S.: ...dieser morose Diskurs, schönes Fremdwort, nicht? Diese mürrische Rede, das Gejammer, daß die großen Blicke nicht mehr froh machen.

C. O.: Nicht mehr? Wann haben große Blicke je froh gemacht?

P. S.: Ich denke, wir müssen jetzt doch einen Augenblick lang über klassische Philosophie reden und nicht nur über Zeitdiagnostik. Du fragst, wann haben die großen Blicke froh gemacht oder Glück versprochen? Die Antwort ist evident: Sie versprachen das zur Zeit der Göttertheorie, die wir unter dem Tarnnamen Philosophie kennen. Theorie war eine herrliche Angelegenheit, als es den Abstand gab, durch den alle Dinge schön werden. Wer auf dem Olymp steht, wird unwillkürlich jovial, nicht wahr? – glücklich durch Theorie und Umsicht. Das ist es, was die Neuzeit vergessen hat, weil ihre Idee von Theorie mit der antiken nur den Namen gemeinsam hat, in der Sache aber das Gegenteil bedeutet. Die moderne Theorie meint nämlich Arbeit des Begriffs, während die antike das Schauen bezeichnet, also Ferien des Begriffs. Großes Panorama, freier Seelenflug, die Welt als ganze ein Postkartengruß. Mir scheint, das kennen inzwischen beliebige Urlauber besser als die Herren vom Fachbereich für tote Ideen. Antike Theorie ist ein Tauchen in weiten Ausblicken. Der Himmel über den Sporaden, der Archipel der Dinge vor einem glänzenden Horizont. Das Denken kommt hinzu, und es beginnt ein Staunen darüber, daß man alles so groß finden kann, so schön vollendet, ohne unser Zutun. Die Seele weitet sich, sie wird ganz Auge und Weltanschauung, »verweile doch, du bist so schön«. Von solchen Momenten, das lasse ich mir nicht ausreden, lebte vor Zeiten die glückliche Theorie, die eine Art von Tiefenentspannung des Intellekts war. Für mich bleibt das ein wichtiges Thema, obwohl es absolut unzeitgemäß ist. Doch bin ich sicher, man wird nie verstehen, was die Philosophie einmal war und was sie in ihren besten Augenblicken wollte, wenn man dieses Glück in den großen Blicken nicht kennt oder nicht gelten läßt. Philosophisches Denken ist vor allem eine Glückstechnik, danach erst kommen die Probleme. Darum ist es im Idealismus gegangen, der im Grunde mit großer Philosophie synonym war. Philosophie war eine Weltauge-Ekstase – das Studieren, Argumentieren, Nachdenken diente als Vorbereitung für den Flug ins Auge. Das Entscheidende an der klassischen Philosophie war die Einübung in Jovialität – und eigentlich wären wir, die Philosophen, wenn wir unseren Job noch gut machten, Philojoviale, Zeus-Liebhaber. Dazu reicht es bei uns nicht...

C. O.: Dazu sage ich jetzt nichts. Ich denke, am besten ist es, wenn du das näher erklärst. Das Publikum kennt dich als Nietzscheexperte – was auch immer das genau heißen mag – und wird wohl überrascht sein, von dir ein Lob auf den Geist des Idealismus zu hören.

P. S.: Was heißt denn Jovialität? Wie der Name sagt, geht es um eine Eigenschaft des Göttervaters Zeus oder Jovis. Dieser Präsident des Seins bewohnt den metaphysischen Aussichtsberg. Was er tut, das tut er von oben herab. Für ihn heißt handeln, sich zu Kleinigkeiten herablassen, freundlich von oben auf Sachen eingehen. Er ist der Gott der Souveränität und in dieser Eigenschaft der Patron der Philosophen. Wie alle Olympier ist Zeus ein Gott der zweiten Generation, er hat die Schmutzarbeit des Titanenkampfes hinter sich, jetzt thront er und schwebt... Olympier thronen von Berufs wegen, das ist ihre Mission, sie beweisen, daß Gott sein eine sitzende Tätigkeit ist. Sie plänkeln, sie sind die Leichten, sie haben es geschafft, Schwebewesen zu werden, sie leben von der Rendite der vorgeschichtlichen Kämpfe. Sie repräsentieren eine erfolgreiche Schicht von Aufsteigern aus dem Elementarischen. Als Götter zweiter Potenz sind sie die höchsten Arbeitslosen, himmlische Rentner, sie ernähren sich durch die Nase, indem sie Rauch von angenehmen Opferfeuern einatmen. Wer sich solche Wesen vorstellen kann, der wird unaufhaltsam danach verlangen, so wie sie zu werden. Man kann sich kein besseres Sein vorstellen als das ihre, *summum bonum*. Die Pointe der Geschichte ist aber: Nur Philosophen können sich einen Zeus-Zustand vorstellen. Umgekehrt heißt das: Nur wer sich Zeus, wie er an sich ist, vorstellen kann, ist Philosoph. Man kann sich Zeus nicht vorstellen, ohne seine Seinsweise zu begehren, denn das Beste vorstellen heißt exakt, das Beste begehren. So hat es mit uns angefangen. Durch den Zeus-Komplex kam die ältere Theorie in Trab, die glückliche, die ihre Schwebstoffe in die Seelen senkt, wenn sie hindeutet auf das Beste, das man nicht nicht begehren kann.

C. O.: Schön gesagt...

P. S.: Mach dich ruhig lustig, Carlos. Ich gebe zu, daß das Ganze...

C. O.: Ich mache mich nicht lustig, ich muß nur lachen...

P. S.: Um so besser. Ich beschreibe ohnehin etwas, das unwiederbringlich verloren ist, eine für die Modernen unmögliche Seelenlage. Ich behaupte aber: Wollten wir heute immer noch Philosophie als etwas anpreisen, was erheitert und erhebt – anders gesagt, wären wir so leichtsinnig, die erbaulichen Versprechungen der klassischen Tradition erneuern zu wollen –, dann könnte das nur geschehen unter Berufung auf den jovialen Faktor. Das führt unmittelbar zu der Frage, ob die Moderne Zugänge zur Jovialität hat. Anders formuliert – ist eine gottähnliche Schau auf die moderne Welt möglich? Können wir noch wie Plato denken, können wir noch wie Hegel alles in große Kreise zwingen und diese mit geistiger Umsicht hell machen? Können wir weiterhin Geschichtsphilosophie betreiben und die Subjekte der Evolution beraten? Können wir den Präsidenten der Weltmächte und den Vorständen der Multinationalen erklären, was zu tun ist? Die Mehrheit der gegenwärtigen Intellektuellen sagt entschieden nein hierzu, und das zu Recht. Und zwar nicht aus Bescheidenheit, sondern weil die Qualität der Blicke aufs Ganze für uns eine andere geworden ist. Die Gegenwart hat uns Denkenden eine böse Entdeckung eingebracht; *uns* machen die großen Blicke überhaupt nicht froh, sie sind niederschmetternd. Unsere Aussicht aufs Ganze ergibt keinen Postkartengruß. Denken im 20. Jahrhundert heißt nicht, ein Kosmos-Ganzes anschauen, sondern eine Explosion mitdenken. Darum können die philosophierenden Intellektuellen heute unmöglich jovial sein. Von Explosionen gibt es keine Theorie. Man kann Spurensicherung treiben, die Unfallstelle – das 20. Jahrhundert – inspizieren, Indizienketten in die Vergangenheit zurückverfolgen, Mutmaßungen über den Fortgang der Katastrophe anstellen, Lebenschancen sondieren. Das ganze zeitdiagnostische Geschäft besteht nur aus solchen Operationen. Die können faszinierend sein, aber mit jovialer Theorie haben sie nichts zu tun.

C. O.: Aber hat nicht unser Jahrhundert auch Theorien hervorgebracht, die dem allgemeinen Verhängnis Widerstand entgegengesetzt haben – Theorien, die das Glück zumindest als Postulat oder utopischen Horizont nicht aus den Augen lassen?

P. S.: Durchaus, aber dies sind eher Varianten von unglücklicher Theorie, etwa vom Typus der traurigen Wissenschaft Adornos; oder aber es sind Ethiken, die von vornherein den Traum von großer schauender Theorie fallengelassen haben. Joviale Theorie ist schon aus inneren Gründen eine Unmöglichkeit geworden. Ein heutiger Zeus, wenn er am Nachmittag von der olympischen Terrasse herabschauen wollte und sich das Elend der Welt ansähe – was wird er tun? Er kehrt dem Kosmos den Rücken. Will mit ihm nichts mehr zu tun haben. Zieht sich in die Zwischenwelt zurück, verläßt sogar den Olymp, weil man von ihm aus zu viel sieht – er begreift, daß man heute entweder Glück oder Theorie haben kann, nie beides zugleich. Er läßt mitteilen, er sei tot. Man muß jetzt nur wissen, daß die Intellektuellen immer ein wenig das Schicksal der Götter teilen – und so haben auch die Intellektuellen von heute mit dem Projekt joviale Theorie gebrochen. Die antiken Weisen dürfen werben mit der Behauptung, sie ahmten den Gott nach und hätten Anteil an dessen Seinsweise, losgelöst und begabt mit seligen Übersichten. Darin bestand die Attraktion des theoretischen Lebens im Altertum. Die antike Theorie macht heiter, die moderne macht fassungslos. Wozu taugt dann eigentlich moderne Theorie? Gibt es fassungslose Götter? Mir fällt ein Satz von Cioran ein, der irgendwo sagt, das einzige sichere Zeichen, daß einer alles verstanden hätte, wäre, daß er anfinge, besinnungslos zu weinen.

C. O.: Aber was dich selber angeht – siehst du dich eher auf der Seite der glücklichen Theorie oder auf der modernen Seite, bei den Fassungslosen?

P. S.: Wahrscheinlich will ich das Unmögliche, die Modernität und das Glück zugleich.

C. O.: Ich muß gestehen, daß ich diese Antwort fast erwartet habe.

P. S.: Wirklich? Warum?

C. O.: Weil ich an deinem Denken neben den radikal zeitgenössischen Momenten auch Züge wahrnehme, die über das nur Zeitgenössische hinausgehen: Zeitdiagnostik und aufs Existentielle zielende Fragen stehen bei dir nicht getrennt nebeneinander. Wenn ich ein wenig assoziieren darf: Pierre Bourdieu richtet seine Kritik der Intellektuellen vor allem gegen die »Geistesaristokraten« – damit will er in erster Linie Figuren wie Sartre attackieren. Bourdieu, der sich dabei in einen formidablen Selbstwiderspruch begibt, wirft dem aristokratischen Intellektuellen vor, er repräsentiere eine Kaste, die keine Distanz zu sich selbst besitzt und die von ihrer Auserwähltheit überzeugt sei. Aber gut, das sind vielleicht nur Assoziationen am Rand...

P. S.: Nein, nein, das rührt ans Zentrum, weil die Frage nach der Auserwählung oder dem Erfolg des öffentlichen Intellektuellen keine Nebensache ist. Bourdieus Ressentiments sind natürlich trivial, aber symptomatisch für seine Kreise. Denn das Phänomen Sartre, aristokratisch oder nicht, ist noch immer eine inkommensurable Größe – man müßte ihn eine Naturgewalt nennen, wenn er nicht der Inbegriff des Naturfeindes gewesen wäre. Er war ein literarisches Elementarphänomen, da konnten sich Bourdieu und Co. nur die Augen reiben, er flog über ihren Köpfen wie ein unbekanntes schreibendes Objekt. Aus heutiger Entfernung gesehen wirkt Sartre im übrigen völlig legendär, wie eine Statue aus einer Epoche, in der die Erde von Helden und Monstren bevölkert war; man hat Mühe zu glauben, daß es ihn wirklich gegeben hat. Aber für mich war er noch ein wichtiger Zeitgenosse, er starb 1980 an dem Tag, an dem ich aus Indien zurückkam, da war ich dreiunddreißig...

C. O.: Davon sollten wir noch reden...

P. S.: Später, vielleicht. Was Sartre angeht – alle sagen, er habe das Intellektuellenkönigtum in unserem Jahrhundert verkörpert. Was man verkennt, ist die Zerrissenheit, die an einer solchen Position haftet. Er hätte genausogut der zweite Mann neben de Gaulle sein können, eine Art linker Super-Malraux, wenn er sich nicht zugleich in den Kopf gesetzt hätte, als Volkstribun und Freiheitskämpfer aufzutreten, als Bourgeoisfresser und Feind aller Zustände. Ich habe in letzter Zeit viel über ihn nachgedacht, mit zunehmender Sympathie übrigens, nach einer Phase deutlicher Aversionen gegen ihn und seine ganze Ära, diese abscheulichen 40er und 50er Jahre. Ich habe auch eine Menge Texte von ihm wiedergelesen und neugelesen – nicht zuletzt deswegen, weil ich das Vergnügen habe, an der Edition eines Lesebuchs mit Sartre-Schriften beteiligt zu sein.[2] Mir ist klargeworden, daß bei Sartre zwei völlig verschiedene Muster von Geistigkeit in ein und derselben Person zusammengefallen sind. Auf der einen Seite der Philo-

2 Vgl. Sartre, Ausgewählt und vorgestellt von Thomas H. Macho. Hg. von Peter Sloterdijk. München 1995.

soph, das überbegabte Weltkind, der manische Vielschreiber, der seinen ständigen Produktionsrausch samt der semifeudalen Anbetung seines Talents durch das Publikum genießt; auf der anderen Seite der Prophet gegen das Unrecht, der Moralist, der altruistische Ankläger der Mächtigen, der die Sache eines imaginären Volkes zu seiner eigenen gemacht hat. Wenn man will, kann man hier den klassischen Gegensatz von Athen gegen Jerusalem durchscheinen sehen. Sartre, der Tribun, der Emanzipator, der Mann in der Revolte knüpft natürlich an eine jüdische Tradition an, wo der Geistige nicht, wie der griechische Philosoph, der zweite Mann der Macht ist, sondern der Opponent der etablierten Gewalten: der Prophet, der den Untergang Roms vorwegnimmt und die kommenden Tage der Theokratie beschwört – in Sartres Fall natürlich eine Theokratie der Subjekte ohne Gott. Typologisch gesehen ist dieser Sartre ein messianischer oder protestantischer Intellektueller, der die noch nicht zu sich gekommene Subjektivität der Massen ausruft. Da spielt er den leidenden Gottesknecht, er belastet sich, reist in aller Welt herum, schüttelt blutige Hände, verfaßt Vorworte, ja er schreibt sogar schlecht, wenn es der Sache des Volkes dient. Aber man darf sich von dieser Imago des engagierten Intellektuellen nicht blenden lassen. Denn wenn Sartre sich engagiert, dann nur, weil er zuvor degagiert ist; wenn er sich belastet, dann nur, weil er sicher ist, zu schweben. Kurzum, es gibt zugleich und zuvor immer auch den griechischen, den gallischen Sartre, den abgelösten Genius. In dieser Position ist er der inkarnierte Gott der Wörter, der in seinem Leben keine Sekunde lang Grund hatte, an seiner Auserwählung zu zweifeln; das ist der Mann, der *Les mots* und den *Saint-Genet* geschrieben hat, der eiskalte Literatur-Engel, der Kalligraph, ein Meister ohne Widerrede. In seiner griechischen Funktion, als Philosoph, verkörperte Sartre die Zugehörigkeit des Intellektuellen zu den positiven Weltmächten mit ihren Projekten, Reformen, Revolutionen – daher stammen im übrigen seine prosowjetischen Auslassungen, die heute unbegreiflich skurril wirken. Doch so absurd war sein Engagement letztlich nicht, er hatte sich nur im Partner geirrt – ein französischer Intellektueller wird zum Heuchler, wenn er die russische Despotie überinterpretiert. Sartre selber war dabei nicht wohl, zuletzt hat er mit dem sowjetischen Moloch gebrochen.

C. O.: Mir scheint es gut, daß du diesen Bruch betonst, denn Sartres Kritiker, sowohl die Liberal-Konservativen wie die Poststrukturalisten, machen es sich mit ihrem Verdikt gegen Sartre heute zu leicht, leichter als die intellektuelle Redlichkeit es erlaubt.

P. S.: Das trifft zu. Sie machen es sich auch leicht, weil sie selber ohne Erfahrung im Umgang mit großen Gewichten sind und nicht mehr ahnen, um welche Einsätze die Großintellektuellen der ersten Jahrhunderthälfte gespielt haben. Es gibt einen Raum, wo Geist und Macht, oder Geist und Moloch, tatsächlich eng zusammengehören. Der Meisterdenker braucht eine weltliche Basis, die ihn braucht – er lehnt sich an eine Weltmacht an, die er beraten, loben und tadeln kann. Meinst du, Hegels Berliner Funktionen waren zufällig? Oder Schlegels Gastspiel im späthabsburgischen Wien? Oder Attalis Jahre im Elysée? In der Sache geht es darum, daß auf dem griechisch-römischen Pfad Macht und Geist in einer positiven Korrelation zueinander stehen, auf dem jüdisch-prophetischen in einer negativen. Das ist der wirkliche Unterschied zwischen »traditioneller und kritischer Theorie« – Horkheimer hat diese Differenz angepeilt, aber völlig verquer dargestellt, als wäre das eine Frage der Wissenschaftstheorie, etwa ein Streit zwischen positivistischen und dialektischen Methoden der Gesellschaftsanalyse, oder ähnlicher Unfug. Den ersten Weg sind die Fürstenberater und die Reichstheoretiker gegangen, und die Consulting-Experten setzen ihn heute mit zeitgemäßeren Mitteln fort. Den anderen Weg gingen die Propheten, Moralisten, Volkstribunen, und neuerdings folgen ihnen die Korrekten und die Fundamentalen. Das Monströse an Sartre war, daß er der Meinung war, er könne beide Wege in sich vereinigen. Dabei wurde nicht nur dem armen Bourdieu schwindlig... Auch begabte Leute mußten sich fragen, was kann man nach Sartre überhaupt noch machen?

V

C. O.: Mit dem, was du sagst, erscheint mir das Selbstverständnis des westlichen Intellektuellen – von Sartre bis Bourdieu und von Günter Grass bis Habermas – von Grund auf in Frage gestellt. Sie alle glaubten doch daran, daß sie selber Werte, Grundsätze und Wahrheiten besitzen oder vertreten, die an sich gelten und aus eigenem Recht bestehen – folglich wäre die Arbeit des Intellektuellen nur ein publizistischer Zusatz zu der Wahrheit, die es schon gibt und die sie verkörpern oder antizipieren. Die klassischen Intellektuellen wären somit, nach deiner Darstellung, dem Typus Prophet zuzuordnen. Sie verkünden, was sie zu sagen haben, vor den Massen, oft gegen Zensur und Konformitätsdruck, denn sie tragen eine Sendung, auch wenn sie ihr Sendungsbewußtsein gern verschleiern. Sie äußern mehr als nur eine Privatmeinung; bestenfalls haben sie eine Sendung, die sich als Privatmeinung maskiert. Bei dir höre ich jetzt etwas anderes heraus – da zeichnet sich ein Gegenmodell für das intellektuelle Operieren im öffentlichen Feld ab, aber es ist mir noch nicht ganz klar, worauf das hinausläuft. Zunächst beobachte ich bei dir etwas, was wie eine Mischung aus Anteilnahme und Selbstbescheidung aussieht, und etwas Ähnliches nehme ich auch bei anderen deutschen Intellektuellen der mittleren Generation wahr. Es gibt noch Interventionen, da und dort, aber doch kein Handeln nach einem moralischen oder weltgeschichtlichen Meisterplan. Hängt das nicht zuletzt mit den epochalen politischen Umbrüchen im Osten zusammen, mit dem Kollaps der sozialistischen Systeme und der realsozialistischen Lebenslüge? Damit ich mich deutlich ausdrücke: Ich erwarte von dir nicht, daß du noch einmal das kommunistische Phantasma und seine ideologische Maschine dekonstruierst, sondern mich interessiert die Frage, wie nach dem realsozialistischen Debakel heute überhaupt ein Denken mit kritischer Substanz und in linker Tradition noch aussehen könnte: ein kritisches Denken, das das Unzureichende an der Nachkriegsgeneration linker deutscher Intellektueller zu überwinden hilft. Meines Erachtens liefert dein Denken Materialien dafür.

P. S.: Zunächst ist der Befund zu bestätigen: Es gibt jetzt eine große Tyrannis weniger, eine Knechtschaft unter der Illusion ist beseitigt. Eine falsche Sprache weniger auf der Erde, das ist schon etwas. Aber das ist natürlich nur die negative Hälfte der Auskunft, und du willst zu Recht wissen, ob es heute für das Denken noch eine linke Spur gibt. Ich will das zuvor historisch abklären: Spätestens seit 1989 hatten Intellektuelle einzusehen, daß sie nicht mehr als Revolutionsberater älteren Stils zu gebrauchen sind. Ich will damit nicht sagen, daß wir in ruhigere Zeiten eingetreten wären, im Gegenteil, die Revolutionen, in denen wir leben, sind chronisch geworden. Vieles spricht dafür, daß wir aus dem Raum der politischen Revolutionen in den Raum von technischen und mentalen Revolutionen übergegangen sind – und damit fällt eine klassische Intellektuellenrolle notwendigerweise weg. Der Berufsrevolutionär von heute ist der Designer oder der Trendberater, und dessen Aufgaben haben mit dem alten Theorie-Revoluzzertum nichts mehr zu tun. Überhaupt, und das ist das wichtigste: Es gibt jetzt den wundervollen mythischen Singular von damals, »die Revolution«, nicht mehr. An ihrer Stelle gibt es die Trends, vielfältige Trends samt ihren Umkehrungen und ihren Gabelungen – die müssen lanciert und kanalisiert und gedeutet werden, was eine ganz andere Arbeit ist als die klassische linke Revolutions-Hermeneutik. Und wo die eine Revolution verschwunden ist, da verdunstet auch die eine Geschichte, für die die Großintellektuellen von Marx bis Marcuse den Meisterplan zeichneten. Folglich löst sich jetzt auch das eine zentrale Curriculum auf, dieses mystische Grundstudium im Herzen der Gegenwart, wo man alles begreifen muß, um für den Tag des Umschwungs bereit zu sein. Ich erinnere mich sehr lebhaft an diese Zeit: an dieses verzauberte Lernen für die eine Revolution, für das eine wunderbare Gattungs-Bakkalaureat. Als ich zu studieren begann, 1967, da lag etwas vom Advent der Revolution in der Luft, ich war erregt und voller Vorgefühl großer Dinge – wie die meisten in meiner Umgebung damals. Zu meinem Glück war ich auch vorsichtig und auf Verwicklungen gefaßt. Heute ist die kritische Intelligenz in einer anderen Lage; wir haben es mit einem Chaos aus regionalen Zeiten zu tun, mit Bündeln von nebeneinanderlaufenden Evolutionen, die ganz divergente Lernprozesse ergeben. Von heute aus gesehen, kommt es einem fast unglaublich vor, mit wie primitiven homogenen Geschichtsmodellen so große Geister wie Lukács, Kojève, Bloch, Sartre sich zufriedengeben konnten. Aber ich muß anerkennen, Carlos, deine linken Sehnsüchte haben sicher authentische moralische und lebensgeschichtliche Motive, und sie haben mit der Neurose von 1968 nichts zu tun, schon deswegen, weil du um eine halbe Generation jünger bist. Ich weiß auch, daß du die spanische Situation im Rücken hast, wo ganz andere soziale und politische Spannungen bestehen, von denen wir auf unserer mitteleuropäischen Wohlstandsinsel wenig wissen.

C. O.: So ist es! Wenngleich ich auch von mitteleuropäischen Intellektuellen globale Visionen erwarten würde. Baudrillard hat schon vor Jahren ironisch davon gesprochen, daß das Jahr 2000 nicht stattfinden wird. Er stellte die These auf, es wäre für uns am besten, wenn wir die toten Jahre zwischen 1989 und 2000 einfach streichen, denn nach ihm ist alles Wesentliche längst passiert, alles ist durchgespielt, alles verwirklicht und an der Verwirklichung krepiert. Warum sollten wir uns in dieser geistigen Öde dieser Jahre unnütz aufhalten?

P. S.: Eine glänzende Idee! Baudrillards Vorschlag ist informativ, nicht so sehr dem Inhalt nach, als in seiner Form. An ihm kann man ablesen, was es heißt, nicht mehr in einem Bewußtsein »vor der Revolution« zu leben. Wenn die Revolution als kurz bevorstehende gedacht wird, dann kann unmöglich jemand auf einen so haarsträubenden Gedanken kommen wie den, ein aktuelles Jahrzehnt aus dem Kalender zu streichen. Vor der Revolution – da ist die Zeit kostbar, jede Stunde zählt, jede Arbeitsgruppe ist bedeutsam, jedes Buch wird daraufhin geprüft, wie es uns weiterbringt; wir lernen auf den Durchbruch zu, die Universität verwandelt sich in ein Priesterseminar für Referendare der Revolution. Ein solches Lebensgefühl bietet das Maximum an erfüllter Zeit, wer so etwas nicht erlebt hat, wird nie erfahren, was große Geschichte bedeutet. Wir lauschen ins Dunkle und deuten die Zeichen. Wir erwarten den kommenden Gott, mit dem die bourgeoise Welt, die geschwollene Hölle, schwanger geht, seine Wehen spüren wir auch am eigenen Leib, da sind wir ganz sicher. – Doch dann ist es mit der Naherwartung plötzlich vorbei, die Spannung läßt sich nicht halten, die Ungeduld nimmt überhand, und Terroristen verraten unsere Hoffnung an den Gegner. Was zur Welt kommt, ist nicht der Gott, sondern eine kriminelle Fehlgeburt; jetzt schämen wir uns, mit größeren Hoffnungen schwanger gewesen zu sein. Mit einem Mal treten teuflische Intellektuelle auf und winken ab: Die Revolution hat ja schon stattgefunden, ihr Säcke, alles ist gelaufen, aber auf anderen Schauplätzen, ihr habt es vor lauter Advent und Plätzchenbacken nicht mitbekommen. Obendrein habt ihr das Subjekt der Revolution verwechselt, es ist nicht das Proletariat, es ist die Technik – und zu allem Überfluß erweist sich das große Geld als revolutionärer denn alle die, die glaubten, sie besäßen den Schlüssel zu seiner Kritik. Was nun? Da entweicht die Luft, die mystisch pralle Erwartungsblase sinkt zusammen. Nach der Revolution, ach, da kommt es auf Jahrzehnte nicht mehr an, es ist egal, in welcher Zeit man lebt, wenn man danach lebt. Den faden Geschmack von danach kann man haben wann auch immer.

C. O.: Mir scheint, daß du Baudrillard unrecht tust, denn wenn seine Analysen auch nachrevolutionär sind, so zeugen sie doch von der subversiven Kraft seines Denkens. Ich denke etwa an seine Abrechnung mit der geistigen »Nullität« vor allem der visuellen Medien, die aber keineswegs als Verdikt rezipiert wird. Deswegen war es möglich, ihn als den Vordenker der Neuen Medien zu apostrophieren; zu mir sagte er neulich, daß er das für ein katastrophales Mißverständnis hält.

P. S.: Du hast recht mit deiner Würdigung Baudrillards, aber mir scheint, du verteidigst ihn mit falschen Begriffen. Denn Subversion ohne Aussicht auf Revolution ist ein sinnloses Geschäft. Mir scheint, daß du wie viele jüngere Intellektuelle Subversion und Kunst verwechselst. Denn Subversion meint Revolution und ist insofern nur eine Vorarbeit; Kunst hingegen meint sich selbst und kann nie Vorspiel zu etwas anderem sein. Insofern ist Baudrillard längst ein Künstler und kein Revolutionär mehr.

C. O.: Rechnest du dich selber zu den eben erwähnten teuflischen Intellektuellen? In manchem macht dein Denken ja den Eindruck, als datierte es sich ebenfalls nach der Revolution.

P. S.: Dieses Datum stimmt nicht ganz. Ich denke nach der falschen Revolution und inmitten der umgreifenden Umwälzung aller Dinge. Ich arbeite an einer nicht-marxistischen Revolutionstheorie, und ich behaupte, daß Revolution weiterhin das Hauptthema des wirklichen Denkens ist. Wir leben heute in der größten Umwälzung, die je auf der alten Erde geschah, in einem Welten-Umbruch, den weder marxistische noch liberale noch christliche Kleinbürger begreifen. Vollendet teuflisch wäre wirklich, wer die Idee der Revolution völlig ausstreicht. Das habe ich nie getan, ich habe nie aufgehört, davon überzeugt zu sein, daß Menschen in Hochkulturen Wesen sind, die Revolution nötig haben. Aber sie brauchen auch Schutz vor falschen Umwälzungen. Darum habe ich nach dem Debakel der alten Linken mit einer Art Archäologie der Revolution begonnen, ich habe ihre Quellen und Motive neu studiert und habe versucht herauszufinden, wann und wo die Idee der großen Wende, der Umkehrung aller Dinge aufgekommen ist. Dabei bin ich unter anderem auf religionsgeschichtliche Spuren gestoßen, wie die spätantike Gnosis und die jüdische Apokalyptik – nicht zuletzt durch Anregungen, die ich dem jüdischen Religionsphilosophen Jacob Taubes verdanke. Der hat mich kurz vor seinem Tod 1987 mit ein paar wichtigen Ideen geimpft.[3]

C. O.: Baudrillard wäre demnach verglichen mit dir ein gutes Stück diabolischer. Er sagt, wenn ich ihn richtig verstehe, das Jahr 2000 findet nicht statt, weil alle, buchstäblich alle Revolutionen bereits stattgefunden haben. Sie sind vorbei durch Verwirklichung und durch Ausagieren der Träume. Und

3 Vgl. Jacob Taubes, Abendländische Eschatologie. Bern 1947; Die Politische Theologie des Paulus. München 1993; Vom Kult zur Kultur, Bausteine zu einer Kritik der historischen Vernunft. München 1996.

wenn das zutrifft, dann wird sogar der formale Übergang von 1999 zum Jahr 2000 von denen, die sich davon etwas versprechen, stark überschätzt, weil man sich die Wende zum dritten Jahrtausend immer noch zu ereignishaft, zu revolutionsanalog vorstellt. Insofern würde es für klare nachrevolutionäre Verhältnisse sorgen, wenn man die Jahre bis dahin ohne Reue streicht.

P. S.: So ist es. Wörtlich verstanden scheint mir die Forderung Baudrillards ganz vernünftig. Wir sollten wirklich schon heute so tun, als schrieben wir das Jahr 2001. Das scheint vor allem deswegen sinnvoll, weil wir in einem temporalen Engpaß stecken, wo alles auf die Neunen, die drei Neunen in der Jahreszahl 1999 und auf die drei Nullen von 2000 zuläuft. Daran ist etwas Beklemmendes, nicht wahr, etwas, das bei zahllosen Menschen eine Art von Klaustrophobie auslöst. Mit drei Neunen und Nullen vor Augen, da wird man numerologisch Nihilist. Man kann keine sinnvolle Arbeit tun, wenn man in eine solche Tunnelsituation hineinlebt, wie die heutigen westlichen Menschen es im Blick auf ihre bevorstehende Jahrtausendwende tun. Die toten Jahre bis 2000 streichen – das ist ein Vorschlag, den ich begeistert aufnehme. Wir datieren unsere Kalender privat und öffentlich auf das Jahr 2001 um, jetzt! – Und wenn die Mehrheiten nicht folgen, dann ist das ihr Problem, nicht unseres. Wir sollten damit beginnen, überall das Jahr 2001 zu schreiben und dann zusehen, was sich zeigt. Das wäre sinnvoll, weil die Menschheit heute mit der Kalenderneurose zugleich eine große Realkrise durchlebt. Da wäre es gut, wenigstens eine von den beiden Krisen zu erledigen. Schaffen wir uns die leichtere vom Hals, das heißt das Kalenderproblem, den westlichen Jahrtausendende-Streß. Übrigens stammt unsere Jahreszählung von einem Kirchenjuristen, einem Urkundenforscher aus dem

6. Jahrhundert, dem Mönch Dionysos der Geringe – Carlos, jetzt lachst du schon wieder –

C. O.: Entschuldige, es ist nur so...

P. S.: ... Und dieser geringe Dionysos hat sich nach neueren Erkenntnissen bei der Berechnung des Herrengeburtstags um entscheidende Jahre nach vorn verrechnet, ich glaube, um sechs Jahre. Folglich hätte der Papst, als Souverän des westlichen Kalenders, wenn er sich ein letztes Mal überzeugend nützlich hätte machen wollen, an Silvester 1995 das Jahr 2001 verkünden können. Das wäre zugleich spirituell informativ und historisch korrekt. Kalender sind enorme Angelegenheiten, weil sie die Weltzeit modellieren. Was den christlichen Kalender angeht, so ist evident, daß er uns in die unheimlichste Zeitform hineinzieht, die je gedacht wurde. Es ist keine Kleinigkeit, wenn die auf der Erde vorherrschende Zivilisation mit jeder Jahreszahl Bezug nimmt auf die Geburt eines Erlösers, der apokalyptisch dachte und empfand – darin sind sich die Neutestamentler und Theologen aller Konfessionen doch einig. Wer die Evangelien liest, denkt unwillkürlich, wie eilig der Mann es hatte, sich in den Himmel abzusetzen. Unser Kalender ist die formale Spur dieses Evangeliums der Ungeduld mit der Welt. Seinetwegen sind wir allesamt apokalyptisch prädisponiert, er drängt uns dazu, auf ein Ende hinzuarbeiten. Der Kalender *post Christum natum* ist der gewaltigste Anachronismus in der modernen Welt. Er ist indirekt mitbeteiligt an dem latenten Apokalyptizismus, ja sogar an der Katastrophenbereitschaft, die in den westlichen Eliten zu beobachten ist. Das sage ich nun ohne alle Rückendeckung bei soziologischen Quellen und Meinungsumfragen. Meine persönliche Erfahrung und Empfindung sagen mir, daß Menschen in der höheren Machtsphäre, wenn sie ein wenig dekompensieren und sich gehenlassen, nach Mitternacht, sich oft von einer großen Traurigkeit beherrscht zeigen und von einer Ratlosigkeit, die sehr, sehr tief geht. Wer wüßte, wie es im Inneren der hundert mächtigsten und erfahrensten Leute auf der Erde aussieht, der würde gerne einen anderen Stern aufsuchen. Wir ahnen, daß all diese Leute, die unsere Schicksale mitbestimmen, von einem Engel der Überforderung heimgesucht werden. Zu dem beten sie, der besucht sie in den Geschäftspausen. Das ist die einzige Transzendenz, mit der sie zu tun haben.

C. O.: Bérégovois war einer der wenigen, die das eingesehen haben. Er hat die Verzweiflung im Amt sich eingestehen können, bis zur letzten Konsequenz.[4]

P. S.: Ja, sein Selbstmord hatte etwas Exemplarisches, er war wie ein Kommentar zur Lage der politischen Klasse, und er hat die französischen Kollegen eine Minute lang beunruhigt, weil er den autohypnotischen Charakter des offiziellen politischen Optimismus offengelegt hat. Vielleicht ist Wahrheit wirklich nur für die Toten...

4 Pierre Bérégovois, französischer Premierminister 1992–1993, nahm sich am 1. 5. 1993 das Leben.

VI

C. O.: Peter, ich will dich in diesem Zusammenhang nach deinen eigenen Veränderungen fragen. Ich habe den Eindruck, daß der Peter Sloterdijk von früher weitgehend in den Hintergrund getreten ist; seine Themen waren Selbsterfahrung, innere Regeneration, Selbstsuche, Rückzug vom kollektiven Wahnsinn. Deine frühe Philosophie war eine dissidente Variante von Kritischer Theorie Frankfurter Provenienz, eine ironische Neufassung der Großen Weigerung mit globaler Ambition, und zugleich eine Absetzung gegenüber den Frankfurter Meistern. Inzwischen hast du neue Themen besetzt und andere Rollen angenommen. Deine letzten Bücher – »Im selben Boot, Versuch über die Hyperpolitik«, und »Falls Europa erwacht« – sind unter anderen Repliken auf Enzenbergers »Aussichten auf den Bürgerkrieg«, auch auf Äußerungen von Botho Strauß. Du entwickelst in diesen Essays eine Art von Tiefenpolitik oder, wie es bei dir heißt, eine Hyperpolitik. Man hört in diesen neuen Texten weiterhin Heideggersche Untertöne, aber mir fällt auf, daß der alte Nach-68er Sloterdijk, der den Zynismus der Akteure im politischen und strategischen Raum so durchdringend kritisiert hatte, sich nun dem großen Gemeinschaftsdiskurs widmet, der öffentlichen Rede. Das erinnert doch wieder an den republikanischen Intellektuellen von früher.

P. S.: Ja, das kommt spät bei mir; ...ich könnte das erklären...

C. O.: Entschuldige, daß ich dich unterbreche. Hat das nicht vor allem damit zu tun, daß du dich lange gegen die Zwangsneurose von 68 gewehrt hast, gegen den Wahn der Allpolitisierung, wonach das ganze Leben von dem abhing, was man damals die »politische Befreiung« genannt hat?

P. S.: Das ist wahr, die 68er-Bewegung kannte nur den soziologischen Menschen, nicht den existentiellen. Auf dem noblen Flügel von damals gab es zwar auch den *homo aestheticus*, der in einsamer Kontemplation große Kunstwerke nachvollzog, um in ihnen die Signatur der gefallenen Welt zu lesen. Aber man hat 1968 überall vorausgesetzt, was nie hätte vorausgesetzt werden dürfen, nämlich daß der Mensch immer schon ein öffentliches und städtisches Tier ist, ein politisches Wesen *a priori*. Das ist in meinen Augen die übelste Ideologie, ein bösartiger Wahnsinn, der die wirklichen Zusammenhänge auf den Kopf stellt. Denn politisch denken und politisch handeln können, das ist historisch wie psychologisch eine sehr späte und unwahrscheinliche Entwicklung, ein prekäres Resultat von seltenen, speziellen Dressuren und keineswegs ein Urverhältnis, wie man es damals dargestellt hat. Gefühlsmäßig war mir die aktionistische Seite von 68 immer suspekt, ich empfand die Protagonisten der Studentenbewegung, Krahl, Dutschke, Cohn-Bendit und ähnliche Figuren als Hysteriker. Das waren für mich damals Wesen von einem anderen psychologischen Stern, sie kamen mir vor wie Zirkusleute – ein Menschentypus, der mir immer rätselhaft geblieben ist; ich verstand diese Primaner nicht, die aus dem Klassenzimmer ans Rednerpult eilten und der Menschheit erklärten, was sie braucht.

C. O.: Wenn ich mir deine Antworten anhöre, begreife ich, was für geistige Zäsuren du und einige deiner Generationsgenossen gesetzt haben. Ihr habt euch, scheint mir, vor allem gegen zwei Dinge aufgelehnt, die früher zur Norm gehörten, gegen die Zwangspolitisierung und gegen die Zwangssoziologisierung.

P. S.: Wenn du das so formulieren willst... meinetwegen.

C. O.: Zu den veränderten biographischen Akzenten kommt bei dir ein philosophisches Motiv von neuer Qualität hinzu, man könnte geradezu von einer existenzphilosophischen Überschreitung des soziologischen Weltbilds sprechen. Du redest in allen deinen Büchern seit dem »Zauberbaum«, einem Sigmund-Freud-Roman, der am Vorabend der Französischen Revolution spielt, immerzu von einem Motiv, zu dem die traditionelle Linke wie auch die übliche Sozialwissenschaft nichts zu sagen hat, nämlich von Geburt, von Geburtlichkeit, von Zur-Welt-Kommen. Das erinnert, offen gesagt, mehr an Meister Eckart als an Habermas.

P. S.: Schon möglich. Tatsächlich, Geburt ist für mich das Thema der Themen, und heute, wo ich seit mehr als zwanzig Jahren daran gearbeitet habe, kann ich einigermaßen exakt erklären, warum das so sein muß. Geburt ist der Punkt, wo Existenzphilosophie, Psychoanalyse und diskrete Kulturgeschichte zusammenfallen, und das ist für mich die heiße Stelle, wo wesentliches Denken beginnt. Mitte der 70er Jahre hatte ich begriffen, daß der Mythos der Revolution tot ist, besser gesagt, ich habe es nicht begriffen, ich habe es gerochen; da lag ein riesiger ideologischer Kadaver mitten unter uns, der begann zu stinken, und seine Vorsprecher rochen auch nicht gut. Das Politische war von da an für lange Zeit ein Feld ohne Hoffnung, von dort war bis auf weiteres nichts mehr zu erwarten. Von der Revolution blieb also nichts übrig als eine vage Sehnsucht – der Wunsch nach einem anderen, reicheren Leben. Man kann das ruhig so naiv ausdrücken, denn wenn man es auch elaborierter sagen wollte, es würde dasselbe meinen. So waren wir zu einer anderen Art von Analyse gezwungen, einer Wunsch-Analyse, die man damals Psychoanalyse nannte – was natürlich eine Fehlbezeichnung war, weil die klassische Psychoanalyse sagt, wer sich auflehnt, hat unrecht, während wir hören wollten, wer sich auflehnt, hat recht. Der Revolutionskadaver zerfiel nach und nach bis aufs Gerippe, dabei kamen einige nicht weiter reduzierbare Radikale ans Licht. Jetzt konnte man sehen, daß es in dem Komplex Revolution drei elementar verschiedene Motive oder Grundfiguren gegeben hatte, die jeweils autonom sind und die für sich weiterbestehen, auch wenn die ideologische Figur, in der sie zusammengebaut waren, sich zersetzt hat. Der erste Baustein, das primäre Radikal der mythischen großen Revolution, das ist der bürgerliche Rechtsstaat mit seinem formalen und egalitaristischen Pathos; aber den hatten wir ja nach 1945 bei uns so recht und schlecht etabliert, wir waren für ihn nicht übertrieben dankbar, wir setzten ihn nur voraus, um viel mehr zu fordern. Aber dieses Mehr – was war das? Dazu muß man die beiden anderen Figuren von großer Umwälzung kennen. Das zweite Radikal von Revolution, das ist die individuelle Geburtserfahrung, der dramatische Durchbruch des Kindes aus dem Mutterleib in die Weltoffenheit. Das bleibt in jedem Individuum urszenisch latent gegenwärtig und liefert eine Folie für spätere Hoffnungen auf Durchbrüche zu weniger beengenden Lebensverhältnissen. Der Austritt aus dem engen Urkanal, in dem schon alles zu Ende sein könnte – das ist der subjektive Prototypus von Befreiung...

C. O.: Aber Geburt muß nicht nur Befreiung bedeuten. Von Heidegger her gedacht, verhängt die Geburt auch das unverwindbare Drama der Daseinsverzeitlichung über uns.

P. S.: In der Tat ist Geburt ambivalent. Einerseits hätte sie nie geschehen dürfen, andererseits ist sie das einzige Ereignis ohne Reue, das einzige Drama, das mit dem absoluten Recht zu geschehen geschieht.

C. O.: Du wolltest also Geburt als eine subjektive Quelle von Revolution beschreiben.

P. S.: Ja, weil *die* Revolution sich immer auch als Wiederholung der Geburt auf einer anderen Bühne vollzieht. Die mythische Revolution ist immer auch die Reproduktion des perinatalen Dramas auf der Ebene des Politischen. Das mag einer der Gründe sein, warum wirkliche Revolutionen immer enttäuschen, weil sie nie für alle das bringen, was man die große zweite Chance nennt. Aber es gibt auch andere frühe Beklemmungen und entsprechende frühe Befreiungsphantasmen, die in Revolutionshoffnungen einfließen. Und weil Menschen oft in archaischen Szenen fixiert bleiben, gibt es bei ihnen endogene Motive, in späteren Szenen auf Durchbrüche ins Freie hinzuarbeiten. Damit muß man immer rechnen: es gibt wirklich einen aus reinen Innenspannungen gespeisten Drang zum Losbrechen und Aufbrausen und Umstürzen – er kommt meistens im religiösen Fieber und im kriegerischen Rausch nach oben. Aber dasselbe energetische Material kann in vorrevolutionäre Politik eingehen, wenn sich nichts Besseres anbietet. Diese Energien toben sich heute in außerpolitischen Feldern aus, vor allem in den Subkulturen der Popmusik und in der Risikosportszene, und solange dies so bleibt, sind wir vor einer neuen Politik des großen Durchbruchs in Sicherheit.

C. O.: Du hast aber von drei Motiven oder Quellen im Komplex Revolution gesprochen.

P. S.: Das dritte Radikal der Revolution kommt aus der Philosophie oder aus den spirituellen Disziplinen. Es ist der Seelenumschwung, durch den Menschen sich sozusagen ent-irren und dabei den Unterschied zwischen einem Leben in der falschen und einem Leben in der wahren Richtung erfassen. Dafür gibt es viele kulturelle Modelle, etwa die innere Umkehr der Denkrichtung, von der Plato sprach, oder die Konversion, so wie Augustinus sie verstanden hat, als Befreiung vom Zwang des Weitermachens in einer bösen gottfernen Lebenseinstellung, oder der in Indien bekannte Wechsel der Lebensrichtung vom praktischen Dasein in der Gesellschaft zur Orientierung an der eigenen Befreiung, *moksha*, oder die Wiedergeburtsriten, die in schamanistischen Praktiken bekannt waren – wie auch immer. Mit diesen Umkehrungen beginnt der Bürgerkrieg des besseren Wissens gegen den vulgären Menschenverstand. Jedesmal ist die Wahrheit oder das gute Leben, ohne Ironie gesprochen, aufgefaßt worden als etwas, was ohne eine große Drehung, eine Umwälzung des Sinns von Sein nicht zu erreichen ist. Darin drückt sich vermutlich aus, daß es in der historischen Existenz von Menschen schon früh eine Neigung und einen Zwang gegeben hat, sich von besseren Lebensformen wegtreiben zu lassen, so daß man nur durch eine Art Revolution wieder am guten Faden anknüpft – was im übrigen mit Rousseauismus und dummen Vergangenheitspiegelungen nichts zu tun hat. Das ist eher eine Frage nach der Urteilskraft der Lebensgefühle. Mir ist seit den mittleren 70er Jahren immer deutlicher geworden, daß die modernen Revolutionsmythologien auf der Verwechslung dieser Komponenten beruht haben. Natürlich waren die Turbulenzen des 19. und 20. Jahrhunderts ein idealer Nährboden für Konfusionen dieser Art, allzuleicht ließen sich die drei Urformen von Wendung und Tiefenbewegung zusammendenken und miteinander vertauschen. Nach all den

Umwälzungsmißverständnissen dieses miserablen Zeitalters ist etwas mehr Analyse wohl nicht fehl am Platz. Es schien mir an der Zeit, diese irreduziblen Radikale je für sich genauer anzuschauen, und dabei hat sich das herausgebildet, was ich seit Ende der 80er Jahre in verschiedenen Büchern vorgetragen habe – Umrisse zu einer kinetischen Anthropologie, die ich Analytik des Zur-Welt-Kommens nenne –, das fängt mit »Der Zauberbaum« an und reicht bis zu meinem letzten philosophischen Buch »Weltfremdheit«. Seither steckt in allen meinen Büchern ein revolutionskritischer Kern. Ich verstehe Philosophie als Einführung in allgemeine Revolutionswissenschaft. Damit verglichen ist politischer Anarchismus eine Provinzaffäre.

C. O.: Zu diesen Forschungen gehört auch das große Lesebuch über die Gnosis, »Weltrevolution der Seele«, das du mit Thomas Macho zusammen ediert hast, ein Buch, das manchmal so aufgefaßt wurde, als hättest du dich als Gnostiker präsentieren wollen.

P. S.: Diese Legasthenie, die als Kritik daherkommt – es ist ein Elend. Wer Augen im Kopf hat, erkennt, daß dieses Lesebuch anthropologische Interessen verfolgt, nicht religionsphilosophische, erst recht nicht religiöse. Es arbeitet einen sehr einfachen und sehr anspruchsvollen Grundgedanken aus: Schwierigkeiten beim Zur-Welt-Kommen. Nichts anderes bedeutet für mich die gnostische Tradition: Sie ist die Hermeneutik der Fehlgeburt in eine für Menschen ungeeignete Welt. Tatsächlich ist es doch so: Ganze Epochen waren so dunkel, daß Menschen sich sehr viel einfallen lassen mußten, um zu begreifen, in was sie da hineingeraten waren. Und das ist für Unzählige auch heute noch so; die Verdammten dieser Erde sitzen überall, und von den bequemen Antignostikern an unseren theologischen und soziologischen Fakultäten hilft ihnen keiner. In meinem Konzept für eine Analytik des Zur-Welt-Kommens gehe ich davon aus, daß menschliches Leben in einer völlig eigensinnigen und unvergleichlichen Tiefenbewegtheit gründet – von der stellen auch gewisse politische Revolutionen, Kulturrevolutionen, Religionsstiftungen und andere aufbruchshafte Umschwünge nur die konkreten Ausformungen dar. In spirituellen Subkulturen ist der Gedanke im Umlauf, daß das Leben des einzelnen auf dem geistigen Weg zu einer permanenten Geburt gerät, und etwas Ähnliches sage ich in einer anthropologischen Sprache auch, freilich mit einem wichtigen Unterschied: Ich habe keine initiatischen Absichten und erst recht keine geistmetaphysischen oder spiritualistischen Ambitionen. Alles was ich in den letzten Jahren veröffentlicht habe, enthält einen Ausblick auf eine Lehre vom Menschen als adventischem Tier. Ich sehe tausend Gründe, warum Menschen heute der traditionellen Metaphysik und ihrer Faszination durch den Tod und die Vollendung abschwören sollten, aber ich kritisiere ebensosehr die bösartige Plattheit der bloßen Nichtmetaphysik. Mit jedem neuen Buch habe ich versucht, eine neue Sprache zu entwickeln, die der Faszination der Geburten und der Ankünfte in der Welt mehr Raum schafft. Menschen sind Tiere, die im Kommen sind, Ankunftstiere, Erfahrungstiere, sie sind immer schon auf einer Fahrt, aber nicht auf der, für die der ADAC zuständig ist. Unsere Primär-Fahrt findet nicht auf vier Rädern statt, sie ist der Exodus der Intelligenz selbst und die Bewegung des intelligenten Lebens durch Intelligenz provozierende Milieus. Das Zur-Welt-Kommen hat in gewisser Hinsicht immer schon Fahrtcharakter, aber für diese Fahrt ist es typisch, daß sie ihre Ziele und Stationen erst unterwegs in Erfahrung bringt. Ernst Bloch nannte dies das *experimentum mundi*, den

Weltversuch. Schöne Formel. Es gibt Tage, da kommt es mir vor, als wären alle schon tot, mit denen man vernünftig hätte reden können.

VII

C. O.: Bei deinen eigenen physischen und intellektuellen Reisen hast du extreme Pole erreicht, im geographischen wie im kulturellen Raum. Ich höre bei dir ein Motiv heraus, das du wahrscheinlich aus deiner Selbsterfahrungsperiode herübergerettet hast, ein Motiv, das sich auf keine Weise in gesellschaftliche Bestimmungen auflösen läßt. Du sprichst vom Zur-Welt-Kommen als etwas, wobei, wie du so schön sagst, der Automobilclub nicht helfen kann, auch die Universität nicht, keine Partei, überhaupt keine Gruppe. Ist diese Theorie des Zur-Welt-Kommens nicht eine neue Variante von existentialistischer Theorie? Dadurch bringst du etwas zur Sprache, was heute hinter soziologischen und systemtheoretischen Diskursen völlig verschwindet, die wesentliche Einsamkeit...

P. S.: ...und die wesentliche Ekstase, die das Gegenteil der bürgerlichen Einsamkeit ist, der Isolation. Gottfried Benn hatte seinen Ptolemäer sagen lassen, beim Blick in sich hinein erkenne er zwei Erscheinungen, die Soziologie und das Leere. Ich glaube vielmehr, beim Blick in sich hinein kommt zuerst etwas anderes zum Vorschein, eine dritte Erfahrung. Das ist nicht die Soziologie, nicht das Leere, sondern ein sphärischer Zusammenhang.

C. O.: Moment mal, Peter, ich denke, das ist auf Anhieb nicht so leicht zu verstehen.

P. S.: Doch, ich meine, das versteht man ganz leicht. Wenn ich dich frage, was erlebst du genau jetzt, wenn du nach Ptolemäerart in dich hineinsiehst, dann sollte es mich wundern, wenn du nur Soziologie und Leere fändest.

C. O.: Ich hätte im Moment überhaupt Mühe, in mich hineinzusehen, weil wir mitten in einer Konversation sind, die mich ziemlich mitnimmt.

P. S.: Wenn ich daraus einen Schluß ziehen darf: Das Dritte ist die Konversation, die Unterhaltung, also das, was uns jetzt beschäftigt und in Atem hält. Das kommt für uns normalerweise weit vor den beiden anderen Größen, es ist viel sichtbarer als alles andere, ja sogar zu sichtbar, um aufzufallen. Ich behaupte nun, daß es immer etwas gibt, was uns unterhält, beschäftigt, berührt und uns aus uns herauszieht.

C. O.: Dann wäre für dich die Beschäftigung formal gesehen die Ekstase, die allgemeine ekstatische Form?

P. S.: Wunderbar gesagt. Wichtig ist hierfür nur, daß wir einen breiten Begriff von Beschäftigung zugrunde legen, ich würde eigentlich lieber Unterhaltung sagen, in dem Sinn, daß wir alles als Unterhaltung verstehen, was uns in Spannungen und Anteilnahmen hineinzieht und uns aus der eigenen Leere herausholt in Räume, die wir mit den Dingen und Leuten teilen. Arbeit, Kampf, Liebe, Dialog: dies sind die Hauptformen der unterhaltenden Ekstase. In dieser Hinsicht wird Unterhaltung synonym mit Existenz, und das Gegenteil von Unterhaltung ist nicht die Langeweile, das Gegenteil von Unterhaltung ist der Tod.

C. O.: Das erinnert mich jetzt an das, was bei Heidegger die Sorge heißt. Denn auch die Heideggersche Sorge ist so eine Größe ohne Gegenteil. Man ist immer in Sorge um etwas –

warum? Weil Heidegger nicht von den Sorgen redet, die man sich macht und die man sich ebensogut auch nicht machen könnte, sondern von dem Horizont der schlechthin zu besorgenden Dinge, die uns angehen und uns umgeben und in Atem halten. Deswegen ist auch bei Heidegger das Gegenteil von Sorge nicht Sorglosigkeit, sondern der Tod. Sogar seine Analyse der Angst gehört, wie mir scheint, hierher. Angst meint für Heidegger nicht Furcht vor diesem und jenem, sondern das plötzlich durchbrechende Gefühl von Haltlosigkeit, in der sich Welt und Selbst zugleich entziehen. Was mich selbst angeht, so sehe ich die Rettung aus solcher Angst in der Geborgenheit durch Liebe – von der hört man bei Heidegger seltsamerweise kein Wort –, oder vorsichtiger gesagt, in der Verbundenheit mit einem anderen Menschen. Umgekehrt kann uns im erotischen Rausch auch die Liebe wieder in einen existentiellen Abgrund stürzen lassen – und so pendelt der Mensch zwischen der Gegebenheit von Welt und Selbst und dem Entzug von beidem hin und her. Ich denke, das geht noch über das Aufgehobensein im Gespräch, im Kampf oder in der Unterhaltung hinaus. Es bringt eine ontologische Einsamkeit ins Spiel.

P. S.: Ich wollte im Augenblick noch nicht so tief gehen. Für das, was ich im Sinn habe, kann man Sorge sagen, oder Unterhaltung, oder Engagement. Es ist jedesmal ein gemeinsamer Raum gemeint, in dem man mit dem Appell und dem Zuvorkommen von Dingen und Leuten rechnen muß. Ich sehe und höre, daß ich Teil eines Raumes bin, der Gemeinsamkeiten erzeugt zwischen mir und den Qualitäten da draußen. Man könnte natürlich auch Liebe ins Spiel bringen, aber ich mag das Wort hier nicht, weil es zu belastet ist, auch zu voreilig…

C. O.: Vielleicht auch zu banal.

P. S.: Oder zu heilig, und wiederum zu profaniert. Warum nennen wir es nicht die Sphäre? Ich spreche von Sphären, wenn ich eine Art von real existierendem Schein beschreiben möchte – mein nächstes Buch wird übrigens davon handeln. Ich behaupte, dieser Schein ist unser allerwirklichster Lebensraum, das ist die Luft, in der wir leben, weben und sind – wie Paulus in der Rede auf dem Areopag sagt. Wenn ich die Ptolemäeranalyse noch einmal zu machen hätte, dann käme ich also mit Sicherheit zuerst auf dieses Dritte. Ich würde, wenn ich in mich blicke, wahrnehmen, daß in mir etwas ist, was zugleich um mich ist. In mir ist das, was ich einatme, was ich teile, wovon ich Partikel und Gegenstück bin, kurzum die Sphäre, die offene Kugel, von der ich die diesseitige, die ichseitige Hälfte bin. Mit dem, was Benn Soziologie nennt, hat das nichts zu tun. Man kann Sphären nicht nach Länge, Breite, Tiefe vermessen, und trotzdem sind sie räumlich, sie haben die Natur von räumlich ergossenem Geist, wie die Phänomenologen so seltsam präzise sagen. Sphären sind Sympathie-Räume, Stimmungs-Räume, Anteilnahme-Räume. Ohne ihre Existenz vorauszusetzen, könnten wir kein Wort miteinander reden, und sobald wir sie voraussetzen, intensivieren wir sie auch schon. Selbst die banalste Interaktion impliziert, daß wir an Sphärenbildungen mitwirken. Es gäbe ohne das keine Familien, keine Lebensgemeinschaften, keine Gemeinden, keine Teams, keine Völker. Nicht einen Tag hielte man es mit einem anderen Menschen in derselben Wohnung aus, wenn die Beteiligten nicht die merkwürdige Fähigkeit hätten, gemeinsame Frequenzen zu finden. Darum ist es nicht beleidigend gemeint, wenn ich sage, wir sind lebende Radios, wir können uns auf gemeinsame Wellenbereiche einstellen. Aber wie komme ich überhaupt dazu, dergleichen zu sagen? Der analytische Mythos macht's möglich.

C. O.: Kannst du das näher erklären?

P. S.: Wenn die umwälzende Analyse wirklich alles in kleinste Teile auflöst, so dürfte von dem, was man so blockhaft die Gesellschaft genannt hat, am Ende nichts zurückbleiben außer puren Individuen, die wie lose Partikel in einer Staubwolke auf dem Nullpunkt der Kohärenz durcheinanderfliegen. Lauter autistische lose Staubpartikel strukturlos nebeneinander, das wäre das logische Ende der durchgeführten Analyse. Im übrigen ist genau dies das Bild, das die konservativen Atomismuskritiker oft beschrieben haben, eine Gesellschaft aus isolierten leeren Hülsen, die sich witzigerweise der Selbstverwirklichung verschrieben hätten – denn was wäre Selbstverwirklichung bei solchen Leerlingen? Doch das Bild von den autistischen Atomen ist falsch, schon auf der metaphorischen Ebene ist es schief, denn zu einem anständigen Atom gehören Bindekräfte, Valenzen. So ein freigesetztes Sozialatom kann ja, um im Bild zu bleiben, nun erst recht herausfinden, wie es um seine Bindungsfunktionen steht. Die angeblich atomisierten Menschen sind oft gerade keine Autisten, sondern freie Radikale, die sich ihre Partneratome und Lieblingsmoleküle aussuchen. Das Großartige an der modernen Reduktion auf das freie Individual-Atom liegt darin, daß nach ihr keine schicksalhaften Bindungen und Verklumpungen durch Traditionen und Spukgeschichten von gestern in Kraft bleiben. Das heißt: das alte Schicksal ist entwaffnet, der Alptraum der vergangenen Geschlechter über dem aktuellen Leben abgewälzt. Aber sind deswegen alle synthetischen Energien außer Kraft gesetzt? Ist kein Zusammenschluß von Partikeln mehr möglich? Gibt es keine Poesie mehr, keine Institutionen? Muß alles, was Zusammensetzung, Syntagma war, abgeschrieben werden? Tatsächlich sind wir soweit, daß uns alle zusammengesetzten Formen dekonstruierbar scheinen, wir zersetzen sie bis in die neutronale Ebene. Das gilt für die physikalische Materie wie für Gesellschaften und für symbolische Gewebe, Texte, Rituale. Aber was heißt das? Wir bauen uns nach der Analyse wieder zusammen, und wir genießen dabei eine Art von Poesie, die Poesie der Reorganisation, eine Poesie des neugeschaffenen, mit einem Freiheitszusatz wiederholten Lebensentwurfs. Von hier aus läßt sich sogar eine Wiedergeburt der Familie aus dem Geist der rekombinatorischen Poesie denken. An diesem Thema hängt viel Muff und Misere. Wir erinnern uns an die Familienhöllen unserer Großeltern, und was wir Aufklärung genannt haben, war nicht zuletzt der Schwur, daß sich diese Elendsgeschichten nicht als Fortsetzungsromane durch die Generationen ziehen dürfen. Dafür war die Analyse, die Vereinzelung wichtig. Nach dem Durchgang durch den analytischen Tunnel sind freiere synthetische Formen wieder möglich, Lebensformen mit einem Zuschuß an Poesie und Spielraum.

C. O.: Das alles klingt sehr autobiographisch, mir scheint, ich höre schon…

P. S.: Weiß Gott…

C. O.: …deine neue Lebenssituation heraus.

VIII

C. O.: Peter, jetzt hast du es mir sehr leicht gemacht, denn ich wollte jetzt auf ein neues Thema zu sprechen kommen, über das Intellektuelle eher ungerne reden, und Philosophen erst recht: über Sexualität und Liebe. Das Liebesleben gilt ihnen als strikte Privatsache. Dagegen würde ich – in Umformulierung eines alten 68er-Ansatzes – behaupten, Liebesprobleme, Sexualfragen, das ist das Politischste überhaupt. Ein Freund, der an der Studentenrevolte beteiligt war, pflegte zu sagen: »Was kümmert mich Vietnam, wenn ich Orgasmusprobleme habe!« In meinen Ohren ein symptomatischer Satz, der anzeigt, mit welchen Zwängen und Verklemmungen ihr alle damals zu kämpfen hattet, *in illo tempore*.

P. S.: Danke, Carlos, du machst uns Komplimente. Du hast gut lachen...

C. O.: Von deiner Biographie her, Peter, glaube ich, schaffen wir leicht den Übergang zu diesem neuen Komplex von Fragen, die ich im folgenden mit dir anschneiden möchte.

Ich beginne mit einer These, genauer mit einer Beobachtung. Mir fällt auf, daß in einer Welt, in der alle Bezugssysteme mehr und mehr verlorengegangen sind – das Politische, das Gemeinschaftliche, die große historische Tendenz... –, daß in einer solchen Welt mit einem Mal die Liebe oder das, was dafür gehalten wird – das ist wohl keine überflüssige Einschränkung –, mitsamt ihren Perversionen und Substituten, als die letzte Instanz der Sinngebung übriggeblieben ist. Was wir »Liebe« nennen, scheint die einzige Instanz zu sein, die den Zeitgenossen, den nomadischen Zombies der Egogesellschaft, wie ich zu Anfang sagte, so etwas wie einen Rückhalt bietet. Was ist aus deiner Sicht von dieser Feststellung zu halten?

P. S.: Das ist eine sinnvolle Hypothese, wollen wir hoffen! Sie drückt jedenfalls einen Gedanken aus, der mit unseren bisherigen Überlegungen völlig kohärent ist. Wenn in jahrhundertelangen Experimenten eine Art von sozialer Teilchenforschung betrieben wurde, wie in den westlichen Gesellschaften, dann entstehen Individuen in dem sehr speziellen Sinn, den wir diskutiert haben. Oft als Autisten, aber nicht immer als solche. Diese Individuen nennen sich zur Zeit mit Vorliebe subjektive Systeme, was nicht ohne Reiz ist. Es sind überall freie, beziehungsbereite, aber nicht von vorneherein eindeutig bezogene Individuen entstanden. Wie Elementarteilchen oder Atome mit offenen Valenzen bewegen die sich nun im sozialen Raum. Moderne Liebe, behaupte ich, ist nichts anderes als die Tätigkeit der freien Valenz. Wenn so ein Individuum in der Reduktion auf sich selber das Schwarze Quadrat, den leeren inneren Bildschirm entdeckt hat, dann wird die Frage unumgänglich, ob dieses Leere mit anderen Leeren noch zusammengeht. Du hast dich selber kennengelernt als das Loch in der Welt und übst dich in der Fähigkeit, mit Rollen zu spielen. Ein solches Individuum hat den Abgrund der Desidentifikation betreten. Es weiß, daß es im Kostümfundus der Vergangenheit keine wirkliche Antwort auf seine Lebensfragen findet. Was bleibt ihm übrig? Es bietet sich immer noch die Aktion der freien Valenz. Ein halbwegs normales modernes Individuum, ein Mensch also, der nicht pathologische Quanten an Energie in seine Selbstabkapselung investiert, hat freie Bindekräfte, hat sphärenbildende Fähigkeiten, kann also, wie man heute sagt, Beziehungen eingehen. Ein solches Individuum verfügt auch über eine gewisse Kampfkraft, die notwendig ist, um die anstrengenden Passagen längerer Beziehungen zu meistern – Treue ist ja nur ein Wort für anhaltende Kampfbereitschaft in bezug auf denselben Gegner. Das Ergebnis des großen Analyseprozesses also, die Reduktion auf das Individuum, setzt sehr viel Liebesfähigkeit frei, Liebe pur, wenn man so will. Das ist ein Abstraktionsvorgang im Realen, eine Art von Destillation oder Reindarstellung. Man kann das gut vergleichen mit dem, was Marx im Hinblick auf die Arbeit nachgewiesen hatte. Auch reine Arbeit ist ein spätes Resultat von Geldverhältnissen. In der alten Welt, im Mittelalter wie in der Antike, war man Bäcker oder Bauer oder Steuereinnehmer oder Priester oder König und übte eines der bunten Ämter im Weingarten Gottes aus – doch es gab für all diese Tätigkeiten noch keinen gemeinsamen Oberbegriff Arbeit. Erst der Kapitalismus mit seiner Wertabstraktion hat dieses Allgemeine hervorgebracht, dieses graue Ding, das Arbeit heißt. Durch das Geld wird die Arbeit farblos, geschmacklos, geruchlos, eben allgemein; sie wird etwas, was im Prinzip jeder machen können muß, im Austausch gegen Geld, wie sich versteht. Modernes Arbeiten bedeutet nicht Dingemachen, sondern Geldmachen, und der werktätige Mensch von heute ist kein Charakterhandwerker mehr, sondern ein allgemeiner Geldmacher. Das ist das, was Marx mit der großartigen Formel »Arbeit überhaupt«, »Arbeit *sans phrase*« beschrieben hat, Arbeit ohne näheres Beiwort. Und genau dasselbe geschieht mit der Liebe. Bis ins 19. Jahrhundert hinein, ja eigentlich bis gestern, war die Liebe immer eine konditionierte Liebe gewesen, eine eigentümliche Liebe, eine Liebe mit lokaler Farbe und starken häuslichen Düften – nur die Gottesliebe ließ seit dem Mittelalter ahnen, daß auch das Lieben eine Tendenz zum Allgemeinwerden kennt; die Kirchen waren die Börsen für die abstraktere Liebe. Erst seit den 20er Jahren unseres Jahrhunderts kennen wir »lieben« als absolutes Tätigkeitswort – wir arbeiten, um Geld zu machen, wir lieben, um Beziehung zu machen... Das ist Liebe überhaupt, Liebe *sans phrase*. Und die treibt sich nun wie eine Art subjektives Kapital auf den Märkten herum und will sich verwerten. Damit entsteht ein neues erotisches Regime, das man die freie Markt-Erotik nennen könnte. Es gibt Liebesmärkte wie es Arbeitsmärkte gibt. Man muß sich also fragen, wenn es Arbeitsämter für schwervermittelbare Arbeitsuchende gibt, wo sind dann die Liebesämter für schwervermittelbare Liebe-Suchende? Wie dem auch sei – Liebesfähigkeit ist beim neueren Individuum eine freie Valenz oder, wie man sagt, ein Potential. Das kann invalide sein oder so spezialisiert, daß es sich nicht mehr vermitteln läßt, aber im allgemeinen kommt dieses Potential mit seinen Neigungen, sich zu binden, halbwegs zum Zuge. Es will Blitze erleben, Sphären bilden und Lebensgemeinschaften aufspannen, kürzere oder längere Verkupplungen bewirken – dies alles mehr oder weniger experimentell, wie gezeigt. Aus solchen Spielen treten im übrigen jetzt wie früher die altbekannten Liebesfolgen hervor, Kinder.

C. O.: Da sind wir genau bei dir...

P. S.: Du triffst den Nagel auf den Kopf. Das ist meine neue Lage...

C. O.: Hat das Ereignis, daß du vor kurzem Vater geworden bist, für dich nicht auch philosophische Konsequenzen gehabt? Und wenn ja, kam das über Nacht oder hat sich das schon länger angekündigt?

P. S.: Nun, ich war Angehöriger einer Generation, die nach ihrer ganzen Lage in der Zeit, in der Generationenfolge, nach ihren eigenen Eindrücken vom Leben, gar nicht anders konnte, als Kinder zu hassen. Kinder stören, Kinder sind laut, schmutzig, hemmungslos, sie platzen in Gespräche herein, am Ende verliert man durch sie die besten Freunde. Mir ist das gelegentlich so gegangen. Ich hatte brillante Jugendfreunde, mit denen man über das Entscheidende reden konnte, über Benn und Adorno, über Bense und Sartre, über Fichte und Luhmann, und dann verschwanden sie eines Tages hinter Windeln und kommandierenden Müttern. Ich könnte eine Novellensammlung liefern, mit lauter Gründen, Kinder abzulehnen. Und das ist noch nicht die ganze Wahrheit. Wir waren in unseren jüngeren Jahren dabeigewesen, einen Begriff von Sexualität zu erobern, der folgenfrei gedacht war. Das war doch die Freiheit, um die es damals vor allem ging. Die berühmte hedonistische Linke hatte nichts anderes im Kopf, sie wollte die Gesellschaft orgienfähig machen. Eine weiße Sexualität, oder eine graue, wenn man so will, war angesagt, eine Verausgabungssexualität ohne Angst vor dem Monat danach. Mein Bauch gehört mir, und all die übrigen Organe gehören auch mir selber. Mit anderen Worten, Sexualität wird Konsequenz aus Privateigentum an Genitalien. Und was Privateigentümer mit ihrem Eigentum machen dürfen, das weiß man ja, sie haben nämlich die freie Verfügung. Genitalien sind etwas, woran man als Eigentümer sehr hängt, nicht? So etwas gibt man nicht aus der Hand, man leiht sie nur aus. Also, man leiht sie aus, und man läßt sie sich auch leihen, aber längerfristige Festlegungen bedeuten eher ein marktwidriges Verhalten. Bei diesem Leihverkehr entstand etwas, was man die Befriedigung nannte, und das war in gewisser Hinsicht ein großartiger Effekt. Als Teil der experimentierenden Lebensform enthielt dieses Hin und Her eine wichtige Wahrheit. Aber das Konzept Privateigentum an Genitalien ist natürlich zugleich eine bizarre Idee, eine zum Leben selbst geronnene wüste Ideologie. Denn der Körper selber meint etwas anderes, als ich meine, wenn man sich umarmt...

C. O.: Moment, was meint der Körper, wenn man sich umarmt? Du meinst, er will etwas anderes als das, was ich als Umarmender will? Was ist dieses andere, was unsere Körper wollen können?

P. S.: Die Körpertendenz ist, daß dies doch wohl Vorbereitungshandlungen zur Fortpflanzung sind. Denn Fortpflanzung ist die Körpermeinung der genitalen Sexualität, was denn sonst. Wenn's dann zur Fortpflanzung nicht kommt, ist es wohl auch gut, aber das steht auf einem anderen Blatt. Das hat niemand so deutlich gesehen wie Schopenhauer, für den Individuen nur die Masken des Willens zur Reproduktion sind. Die Subjekt-Meinung hingegen ist, daß ich von meinem Recht Gebrauch mache, vom Leben etwas zu haben, wie man so schön sagt. »Die Liebe ist ein Zeitvertreib / Man nimmt dazu den Unterleib«, heißt es bei Erich Kästner, in seinem Roman »Fabian«. Um nun wieder theoretisch zu reden: Bei uns tritt eine besitzindividualistische Perspektive mit einer gattungsgeschichtlichen in Konflikt. In den 70er und 80er Jahren haben wir alles getan, erstens, diesen Konflikt zu leugnen, und zweitens, dafür zu sorgen, daß die besitzindividualistische Perspektive sich durchsetzt.

C. O.: Sonst könnte man nicht mehr »springen«, nicht mehr frei herumschweifen.

P. S.: Das ist klar. Die große Entdeckung lag für mich darin, wie ich gemerkt habe, daß mit dem kommenden Kind das experimentelle Syndrom fragwürdig wurde. Ich dementiere damit natürlich keinen Tag aus meinem früheren Leben, ich war immer ein Mensch, der zu tiefen und bedeutungsvollen Beziehungen neigte – und daran ist nichts zu widerrufen. Aber mit dem Kind... wie soll ich sagen, da hat sich noch einmal ein anderer Horizont gezeigt. Das war für mich die große Überraschung – daß ich ohne Einschränkung bejaht habe, was mir früher unerträglich erschienen wäre.

C. O.: Das war spontaner Natur?

P. S.: Absolut spontan, überwältigend. Das war so stark und so deutlich, jubilatorisch! Es war wie... ein Schöpfungsmorgen, ich übertreibe nicht. Da stellt sich das ganze Denken um. Das ist etwas Merkwürdiges. Von meiner ganzen Sozialisation her war ich ausgebildet in einer apokalyptischen Logik, wenn's hochkommt in einer post-apokalyptischen; diese Denkfiguren liegen ja der älteren Kritischen Theorie zugrunde, die der kapitalistischen Welt bescheinigt hat, daß sie ein permanenter Weltuntergang ist. Wir haben gelernt, immer ans Ende zu denken oder ans aufgeschobene Ende oder an ein Ende ohne Ende. Das sind alles Figuren der gelehrten Untröstlichkeit, Gedanken von Menschen, die an ihren Erfahrungen gealtert sind. Aber ich hatte nicht gelernt, die Anfänge zu denken, nicht mit der aufgehenden Sonne. Spuren davon hatte ich in mir seit der Rückkehr aus Indien, wo ich begriffen hatte, daß europäische Intellektuelle nicht mit dem beginnenden Leben, nicht mit der neuen Initiative mitzugehen imstande sind, sondern in Enttäuschungen schwelgen. Es ist tatsächlich etwas anderes, wenn man eine neuanfangende Lebenskurve mitdenkt und mitträgt und die Welt so betrachtet, als hätte man noch einmal die Augen des Kindes, dem alles erst versprochen ist – nicht nur die Augen eines Menschen, der dreitausend Jahre Hochkultur in seiner eigenen Müdigkeit, in seiner Depression, in seinen Rückzugstendenzen reflektiert...

C. O.: Eine sehr romantische Theorie des Denkens vom Kind her. Es liegt wohl in der Zeit, ich höre in letzter Zeit öfter solche Berichte...

P. S.: Ich muß damit leben, daß positive Erfahrungen romantisch klingen. Aber um noch einmal auf deine Frage zurückzukommen: Der Rückzug von zahllosen Menschen auf das Lieben, als reine Kontakttätigkeit verstanden, als Beziehungsarbeit oder als sphärenbauende Grundtätigkeit, ist doch eine vollkommen berechtigte und weise Antwort auf den Stand der Dinge in dem großen analytischen Experiment, nicht? Jemand, der an dem Spiel der Moderne teilgenommen hat, also ein cleverer Großstädter der 80er, 90er Jahre, der kann die schöpferische Komponente des Lebensspiels, das synthetische Moment, nur durch Liebesbeziehungen zur Geltung bringen, mit dem nötigen Talent vielleicht auch durch die Kunst. Daher bin ich der Meinung, daß man die heutige Gesellschaft tatsächlich am besten beschreibt, wenn man ihre Liebesverhältnisse darstellt, denn dies beantwortet die Frage: Was machen die »sozialen Neutronen« nach der analytischen Zertrümmerung, nach der Zentrifugierung?

C. O.: Es läge nahe zu sagen, nach der Flucht *aus* der Mitte kommt der Zug *zur* Mitte wieder. Es sind Zentripetalkräfte, die sich zurückmelden...

P. S.: Zentripetalkraft ist das richtige Wort. Die freien Partikel formieren sich um, sie streben jetzt wieder nach dem Zentrum, verlangen eine Mitte, eine Figur. Das ist ein Appetit auf Mitte, der bei den Einzelteilchen aufbricht. Aber diese Mitten sind nicht ererbt, nicht durch alte Herrschaft aufgezwungen, es sind dezentrierte Zentren, und das ist das Entscheidende. Sie sind Improvisationen in laufenden Lebensspielen, von denen wir hoffen, daß sie nicht allzu flüchtig bleiben. Aber aus diesen neuen selbsterzeugten Zentren heraus formiert sich, soweit man sehen kann, kein autoritär übergreifender Generationenstrom mehr, denn alles ist sehr experimentell und mobil geworden, und das wird künftig auch so bleiben; die Kraft der klassischen Familie, den Enkel mitzudenken, die ist heute erloschen. Daher ist auch der Begriff der Familie heute meistens nur mißbräuchlich in den Mündern der Politiker zu finden, weil gerade die Politik heute das Kurzatmigste ist. Sie kann nicht auf dem Willen zur Dauer, dem Willen zum großen Bogen aufgebaut sein. Politiker denken in Wahlperioden, während die Familie, wenn sie den Namen wirklich verdient, als lokaler Wille zur Macht einer Lebensform für drei Generationen definiert werden müßte.

C. O.: Das scheint heute unvorstellbar…

P. S.: Es ist die Utopie von einem Kontinuum aus Freiheit.

IX

C.O.: Du hast eben eine Bestandsaufnahme davon geliefert, wie unsere Gesellschaft Liebesverhältnisse bildet, und hast dabei die neue Liebesordnung oder -unordnung hergeleitet aus der analytischen, individualisierenden Tendenz der modernen Zivilisation. Mir liegt jetzt daran, daß wir, über das bisher Gesagte hinaus, auch den Versuch eines klinischen Blickes wagen – als Kliniker oder als Gegenwarts-Archäologen, die sich den Umgang mit Liebe und Sexualität in unserer westlichen Welt vornehmen...

P.S.: Der Begriff Gegenwarts-Archäologe gefällt mir besser als der Begriff Kliniker, denn wir sprechen nicht über Krankheiten, sondern über Passionen.

C.O.: Trotzdem: Ist denn ein gewisser Krankheitsverdacht gegen den modernen Eros so abwegig? Es ist doch eine Tatsache, daß die einzelnen unbekannte Arten von erotischer Verwirrung erleiden, seit sie den Schutz durch das Tabu verloren haben. Auf der großen Gesellschaftsbühne findet eine All-Erotisierung durch Werbung und Medien statt – die Welt als narzißtische pan-erogene Zone sozusagen. Baudrillard hat den Gegensatz von All-Erotisierung und Erotik-Zerstörung sehr schön dargestellt – etwa in seinem Buch »Von der Verführung«, in dem er Liebe und Verführung als Gegensatz vorführt, mit eindeutiger Option für die Verführung als freies Spiel der Zeichen. Ganz anders hingegen Lévinas, der an einem vollen Begriff von Liebe festhält: Er versteht unter Liebe die Bereitschaft, den Vorrang des anderen vor der Selbstliebe anzuerkennen.

Wie denkst du über den oben erwähnten Zusammenhang von All-Erotisierung und Sexualitätsverlust? Natürlich habe ich bei dieser Frage auch Phänomene wie Pornographie und Werbe-Erotik, nicht zuletzt auch die Unisex-Mode, diese Metapher für das Verschwinden der Geschlechtergrenzen, im Blick. Sind das nicht Symptome einer umfassenden Krise des Sexuellen?

P. S.: Ich will zunächst verstehen, wonach du eigentlich fragst. Deine These lautet wohl, und es scheint auch die These Baudrillards zu sein: Die Zeichen der Sexualität vermehren sich, die Sexualität selbst verfällt. Also, durch die Inflation der Bilder und die Ästhetisierung der öffentlichen Räume mit erotischen Signalen werden die Individuen affektiv kastriert, und es entsteht – wie soll ich's nennen? – eine Neigung zur asexuellen Existenz, die Leute werden bildersüchtig und steril. Ist es nicht das? Ich habe in den letzten Jahren öfters Sexualwissenschaftler gehört, die auf diese These setzen; sie schlagen Alarm mit dem Schreckensruf: der Sex geht zurück, der Pegel fällt! Der alte Bornemann argumentierte seit langem schon in diesem Stil, neben vielen anderen. Nun machen sich die Gutgesinnten Sorgen, die freie Welt trocknet aus, zuerst der mittlere Westen der USA, und jetzt der Unterleib.

C. O.: Du machst dich lustig…

P. S.: Nein, nein, ich will nur wissen, worüber wir reden. Diese schlimmen Meldungen über die Sex-Verödung scheinen mir eher Teil einer globalen Strategie zu sein, mit Nachrichten über Katastrophen aus der Umwelt Therapien und Bücher zu vermarkten; die erwähnten Beschreibungen entsprechen exakt dem Muster von Umweltkatastrophenmeldungen. Wenn ich mich umschaue, sehe ich etwas ganz anderes. Nämlich eine

Mobilmachung der Sexualität auf allen Fronten. Die Sexualität wird als Teil eines riesigen sozialmedizinischen Komplexes überall funktionalisiert. Das kann man vor allem bei der Sexualität derjenigen, die über 50 sind, erkennen, nicht zuletzt auf der weiblichen Seite. Dieser »Golden Girls«-Effekt, ist er nicht allgegenwärtig? Frauen wie Männer legen die biologischen Definitionen des Alters ab – auch ein Triumph des analytischen Mythos –; man ist so alt, wie man sich fühlt, ein Schwarzes Quadrat hat ja kein Alter, es ist ungeboren, ewig bleibt es, was es war, ein Quadrat ohne Eigenschaften. Es ist reiner Grund, auf den beliebige Figuren zu setzen sind, und wer sich ein expansives Sexleben nach dem Fünfzigsten designen kann, der wird das wohl auch realisieren. Ich kann's nicht ändern, meine Beobachtungen gehen in die entgegengesetzte Richtung. Mir scheint, daß es eine Mobilmachung der Sexualität gibt, vor allem im Vorzeichen der Medikalisierung. Sex ist nämlich gesund, ich weiß nicht, Carlos, ob du das schon mit dem nötigen Ernst auf dich hast wirken lassen. Das ist eine gute Nachricht, der du dich nicht entziehen solltest...

C. O.: Gute Frage... Aber jetzt interviewst du mich.

P. S.: Lach nicht, Carlos, es könnte sein, daß wir umdenken müssen. Wir gehören, trotz unseres Altersunterschieds, hierin derselben altmodischen Generation an, einer Generation, die in der Sexualität etwas zutiefst Ruinöses gesehen hat, zwar etwas ehrenhaft Ruinöses, aber dennoch...

C. O.: Ich etwas Sündhaftes sogar, als Spanier...

P. S.: Ruinös und sündhaft, das ist es! Wir waren darauf vorbereitet worden, daß Sexualität der Anfang unseres Absturzes ist... doch dieser Absturz galt als unsere Chance.

C. O.: Du auch? Protestantisch erzogen?

P. S.: Nun, in der lutherischen Subkultur, der ich entstammte, ging es zunächst ein wenig milder zu. Diese Regungen wurden als eine vom lieben Gott gestiftete Beigabe zu einem überwiegend anständigen Leben interpretiert – irdisches Vergnügen in Gott. Trotzdem kam der Kessel schnell unter Druck, spätestens 1968 war die anarcho-romantische Theorie der Sexualität obenauf. Nun hieß es, wer sich nicht auf sexuellem Wege ruiniert, wer sich nicht verbrennt bis auf den Stumpf, der lebt nicht richtig. Das war…

C. O.: …die berühmte Befreiung.

P. S.: Und die Pflicht, sich für den Neuen Menschen zu zermürben.

C. O.: Die Selbstverwirklichung.

P. S.: Wir waren von Wilhelm Reichs Definitionen ausgegangen und dachten, die Libido fließt links. Um zu begreifen, was heute passiert, muß man sich diese anarcho-romantische Flutungserotik und ihre Mythen aus dem Kopf schlagen. Heute ist etwas absolut anderes angesagt, etwas, das nichts mehr zu tun hat mit unserem heroisch-ruinösen Modell von Feuerwerk-Sexualität. Die war ein Teil der Gegenkultur gewesen, die Hormonfront in der großen Revolution. Sie war wunderbar ungesund und verflucht, langhaarige Böcke waren an ihr beteiligt. Aber man muß dies alles vergessen können, wenn man verstehen will, welcher Sexualstil heute die Szene erobert hat, nämlich ein medikalisierter, versportlichter und diätetischer Zug. Der Orgasmus steht rechts, das ist die Schlüsselerfahrung der Postmoderne. Im übrigen bringe ich diese Eindrücke auch aus Amerika mit, wo ich 1990 für ein Jahr als *fellow* an einem New Yorker College gelebt habe. Was ich so aus den Augenwinkeln mitbekommen habe über das erotische Treiben auf dem Campus, zielt ganz in diese Richtung.

C. O.: Sex als Sport.

P. S.: Auf dem Campus unterscheidet man Sportarten mit und ohne *body contact*.

C. O.: Sex also wäre Genitalgymnastik mit *body contact*.

P. S.: Folglich eine Mannschaftssportart, ein Spiel, das Teamgeist fordert. In Amerika wird die Sache dadurch reizvoll, daß man hinterher fragen kann, war es nun Vergewaltigung oder nicht?

C. O.: *Political correctness* obendrauf!

P. S.: Vorsicht, das ist ein anderes Thema, ich würde *correctness* und Sex nicht so direkt miteinander verknüpfen, weil *political correctness* nach meiner Analyse etwas ganz anderes ist, als was die europäischen Intellektuellen daraus machen.

C. O.: Gut, aber ich meinte jetzt in diesem sexuellen Bereich.

P. S.: Ich denke, es geht auch da um etwas anderes. Die Amerikaner haben eine Möglichkeit entdeckt, wie Sexualität wieder angst machen kann. Das ist das Interessante an der amerikanischen Hysterie: Sexualität und Angst sind durch die Aussicht auf juristische Folgen wieder in eine positive Konjunktion zueinander gebracht worden. Ein letzter Widerstand gegen die erotische Entropie, nicht?

C. O.: Man kann das auch ganz anders sehen: eine neue Variante der angelsächsischen puritanischen Hypokrisie. Darin steckt die krumme Lust, aus dem Natürlichen das Komplizierteste zu machen. Dagegen revoltiert meine südländische Ader, und komm mir jetzt bloß nicht mit spanischem Machismo, wenn ich so rede. Aber zurück zu unserem Argument: Wenn ich dich richtig verstehe, meinst du, die Entdeckung der Angst in der sexuellen Berührung könne eine positive Größe sein. Das klingt, als wolltest du der Sexualität eine ontologische Dimension zusprechen.

P. S.: Für Angst als solche plädiere ich nicht. Im gegebenen Zusammenhang vertritt sie den wahrheitsträchtigen Respekt vor einer nicht geheuren Dimension.

C. O.: Man könnte es aber auch negativ ansehen und sagen, das ist eine perverse Entwicklung. Es gibt radikale amerikanische Feministinnen, teilweise ins Deutsche übersetzt, die wirklich behaupten, jede Penetration des Mannes komme immer und überall einer Vergewaltigung gleich.

P. S.: Das ist eine delikate These. An ihr fällt auf: Die Verfasserinnen sind sehr erfolgreiche Penetratorinnen. Sie haben mit ihrer steilen These die Medien durchlöchert, sie sind in unser Gehirn ungefragt eingedrungen, diese viel zu saugfähige Intimzone, sie haben uns eine informatische Ladung injiziert, die wir uns merken und die auch unter der Dusche nicht weggeht. Und was das wichtigste ist: Sie haben es geschafft, daß wir ihre Attacke zitieren. Nichts anderes ist der Sinn von hysterischen Diskursen – deswegen darf man sie nicht inhaltlich diskutieren.

C. O.: Gut, dann gehen wir auf die positiven Dimensionen ein!

P. S.: Ganz kurz: Der amerikanische Individualismus läßt bei der Wahrnehmung des Privateigentums an Genitalien die juristische Seite endlich nicht mehr außer Betracht. Wir treten ein in das Stadium der Verrechtlichung von genitalen Transaktionen. Wenn Sigmund Freud seinerzeit gesagt hat, in einem Brief an Fließ, glaube ich, er gewöhne sich an den Gedanken, Liebesbeziehung zwischen zwei Personen immer als eine Angelegenheit unter vieren zu interpretieren, wobei er natürlich die Elternmodelle der Liebespartner im Hintergrund stehen sieht, so muß man heute sagen, auch wir haben gute Gründe, jeden Liebesakt zwischen zwei Personen als eine Angelegenheit unter vieren zu interpretieren. Auf der Bettkante der beiden Partner sitzt jeweils schon der eigene Anwalt.

X

C. O.: Eine letzte Frage zu diesem Komplex. Sie setzt ein wenig tiefer an, in einer zeitlosen Schicht gewissermaßen: Im Kontext der zeitgenössischen Philosophie ist die Reflexion über das exzessive, angsterregende und transzendierende Moment von Sexualität nicht unbekannt. Ich denke an Foucault, besonders aber an Georges Bataille, beides Autoren, die zu dem intellektuellen Feld gehören, in dem du dich bewegst. Der Zusammenhang zwischen sexuellem Exzeß und ethischem Wissen ist von Foucault in einem eher gesellschafts- und diskursanalytischen Stil berührt worden, von Bataille eher ontologisch, sogar theologisch –

P. S.: Besser atheologisch!

C. O.: Vielleicht atheologisch, und mit dem Willen, den fleischlichen Exzeß in einem literarischen Exzeß weiterzuführen – wobei Bataille letztlich wohl in dem christlichen Horizont, den er überschreiten wollte, gefangen blieb. Wie denkst du heute über diese Thematik? Haben wir nicht einen Horizont jenseits der sexuellen Erfüllung entdeckt? Tut sich nicht sogar, jetzt ganz verdinglichend gesprochen, auch im Orgasmus etwas auf, was über die Erfüllung hinausgeht? Du hast selber viel über Phänomene der Grenzüberschreitung nachgedacht, über Mystik und Transgression, nicht nur im christlichen Bereich, sondern auch in der östlichen Tradition…

P. S.: Vielleicht sind mir diese Zusammenhänge nicht ganz fremd. Ich möchte folgendes dazu sagen. Wir Europäer sind, aufgrund unseres metaphysischen Codes und unserer jahrtausendelangen religiösen Konditionierungen dazu aufgelegt, an Höhepunkte zu glauben. Wir sind ein in unglaublichem Ausmaß höhepunktgläubiger Menschenschlag, und das gilt bis in die Gegenwart, auch wenn an der Oberfläche das religiös-metaphysische Element neutralisiert scheint. Das Denken in Höhepunkten ist ein kultureller Habitus, der bei uns sehr tief sitzt; wir haben diesen Aspekt der Metaphysik nie in Frage gestellt. Diese Höhepunktgläubigkeit wird heute natürlich als Suche nach dem sexuellen Höhepunkt inszeniert, nachdem man die metaphysischen oder spirituellen ekstatischen Gipfel nicht mehr ohne weiteres herbeizitieren kann. Der sexuelle Höhepunkt ist der einzige, zu dem man spontan einen eigenen Beitrag leisten kann, auch wenn wir wissen, daß Machen und Erleben in diesem Punkt nicht dasselbe bedeuten.

C. O.: Wahrscheinlich kommen die meisten Idealisierungen von daher.

P. S.: Weil eben in der Erotik unsere letzten metaphysischen Schlachten geschlagen werden. Für den Habitus der Europäer, das Leben durch Höhepunkte zu rechtfertigen, ist die Sexualität die letzte Bastion. Das kann man sich klarmachen, wenn man nur ein paar hundert Jahre in unseren Traditionen zurückblättert. Dann tauchen wir sofort ein in eine kulturelle Großwetterlage, in der Menschen nicht so orgasmusgläubig waren, wie wir heute sind, dafür jenseitsgläubig, entzückungsbereit, todesfromm. Entscheidend ist, daß vor der Moderne der Tod *per se* eine große Sache war – denn sterben bedeutet in einer metaphysisch geprägten Welt immer eine Kulmination, den Rückfall der Einzelseelen in ihre Quelle, in Gott, und das hat zur Folge, wie schauerlich die Umstände auch sein mögen, daß jeder Tod ein Tod nach oben ist. Man stirbt hinauf, sofern die Umstände nicht einen Untergang ins Höllische bedeuten. Jetzt hat die Moderne den Tod metaphysisch entdramatisiert. Zwar macht er die Zeugen noch betroffen, aber er hat seinen Bezug zu dem, was als das Höchste gilt, verloren. Zudem wirken Tode heute, in den Bildern zumindest, federleicht, man sieht jeden Tag im Fernsehen ein Dutzend Leute in die Kiste springen, schmerzlose Liquidationen – davon geht eine wichtige Botschaft aus: Das Ende bringt keine Elevation, es ist eine trockene Abschaffung, man kippt aus dem Bild, man stirbt hinunter. Deswegen ist der Tod nicht mehr wie früher geeignet, den metaphysischen Restsinn, den Höhepunktsinn anzusprechen. So bleibt also nur das Sexuelle als letztes Anonym des metaphysischen Glaubens an Kulminationen.

C. O.: Und damit wäre die Sexualität auch eine säkulare Stellvertreterin für Transzendenz.

P. S.: Eine schwache Stellvertreterin, weil ihre Höhepunkte nicht auch das Ende sind. Menschen des Mittelalters haben immer den Höhepunkt als Ende und das Ende als Höhepunkt gedacht – ihr ganzer Glaube beruht auf dieser Gleichung, und die klassische Metaphysik liefert zu diesem Glauben die Begründung. Wir hingegen, als moderne Subjekte, wollen einen Höhepunkt...

C. O.: ... ohne Ende?

P. S.: ... mit einem Tag danach. Alles, nur keinen Höhepunkt ohne Ende!

C. O.: Warum lachst du?

P. S.: Weil ein endloser Höhepunkt keine Erfüllung wäre, sondern eine Entladung bis zum Kollaps. Das wollen die Modernen um nichts in der Welt. Wir haben die Liaison von Höhepunkt und Ende aufgelöst, um uns von der erotischen Apokalypse freizumachen. Darum mußte die moderne Gesellschaft den metaphysischen Zauber brechen und dem Liebestod abschwören. Wir wollen den Höhepunkt, ja, aber den Höhepunkt mit einem Danach.

C. O.: Es lebe das Danach! Und das Noch-Einmal!

P. S.: So ist es! Morgen, wer weiß, ist wieder langer Samstag, die Läden haben sperrangelweit offen, wir wollen Höhepunkte in anderen Verhältnissen und auf anderer Frequenz. Auf jeden Fall, die heilige Kuh des Höhepunkts steht sicher im Stall, feist und dekoriert – wir unterlassen nichts, um ihr ein prächtiges Leben zu bereiten. Nur in einem Punkt sind wir mißtrauisch – wir sehen es nicht gern, wenn Höhepunkt und Tod wieder in positive Resonanz zueinander gesetzt werden sollen, das wäre Fundamentalismus im Erotischen. Die moderne Trennung von Höhepunkt und Ende führt dazu, daß wir aufs ganze gesehen an Höhe verlieren. Doch wäre es falsch, sich zu beklagen, es ist die schiefe Ebene des bloßen Lebens, die vor uns liegt, da geht es heiter vorwärts-abwärts, die Frage, gibt es ein Leben nach dem Gipfel, wiegt nicht schwer. Natürlich gibt es ein Leben danach, man gleitet sacht dahin, o ja, es gibt einen wunderbaren Abstieg, vor allem im oberen Drittel traumhafte Aussichten.

Verläßt man Europa in Richtung Osten, stößt man auf Kulturen, in denen die hier beschriebene Art von Höhepunktgläubigkeit nie bestanden hat. Indien hat in den berüchtigten Exerzitien der tantrischen Sexualität zwar auch einen metaphysischen Kult der sexuellen Grenzerfahrung entwickelt, aber der bedeutet etwas völlig anderes als die dionysische Verausgabung der westlichen Menschen, diese genitale Apokalypse. Die Tantriker streben ja nicht so sehr einen scharfen Gipfel an, sondern ein endloses tiefes Tal. Den vollständigen Kontrapunkt zum westlichen Weg haben die alten Chinesen gesetzt; sie haben eine Kultur geschaffen, in der man an das Harte, das Schnelle, das Heftige nicht glaubt. Die lassen die Sache sehr langsam angehen, sie treiben im Delta der Venus wie müde, etwas desorientierte Fische, das kann Stunden dauern, Tummeleien im halbsteifen Bereich, da ist kein Raum für unseren Kult der Entladung, für den Selbstgenuß in der schnellen Verbrennung. Der Westen hat seine apokalyptische Dynamik an den Genitalien festgemacht, sozusagen für endlose erotische Mobilmachung plädiert, ja man kann sagen, der westliche Mann will lieber ein Ende mit Schrecken als einen unendlichen Verkehr.

C. O.: Ich lach mich tot.

P. S.: Du bist eben der letzte Vertreter der spanischen Mystik, Carlos, ein typischer Ibero-Apokalyptiker.

C. O.: Aha, wenn du es sagst! Immerhin, ich finde es ganz erhellend, wie du den Zusammenhang erläutert hast. Worauf ich aber hinauswollte, war die Frage, ob man nicht den Orgasmus als Kristallisationsmoment einer gewissen entgrenzten Stimmung begreifen könnte, als eine Ekstase, mit der die eigenen Körpergrenzen bewußt werden, indem sie zerfließen. Und das, so scheint mir, ist das Gegenteil der vulgären Höhepunktfixierung.

P. S.: Carlos, jetzt triffst du den empfindlichsten Punkt. Warum haben wir denn 1968 die Sexualität so überhöht, warum tauchte sie auf der ideologischen Bühne von damals an zentraler Stelle auf? Weil wir eine linke Antwort auf den düsteren Existentialismus der alten Rechten suchten. Was das Sein-zum-Tode anging, da konnte den alten Herren niemand was vormachen, die waren aus den gewesenen Zeiten hervorgegangen wie Vögel aus der Ölpest, gerettet, nicht entseucht. Was wir suchten – das sind natürlich durch und durch nachträgliche Formulierungen –, war ein heller Existentialismus. Für den hat sich die Sexualität als eine Art von festlichem Existential angeboten – heideggerisierend gesprochen: Dasein heißt dem Ruf des Fleisches antworten. Wir wollten den übermütigen Augenblick herbeiführen, in dem sich das Dasein in seiner Einmaligkeit feiert, in einer Serie von Lust-Einmaligkeiten. Daraus folgte eine romantische Politik des Respekts vor jedem Leben und jeder Lust. Typische Ideen von 1968, Ginzburg hat sie vielleicht am eindrucksvollsten verkörpert, vor einem buddhistischen Hintergrund nebenbei – interessante Fusion von judaisierenden und buddhistischen Elementen, mit einem existentialistischen Kult der sexuellen Befreiung im Zentrum. Der Orgasmus – der ist es doch, was dich durch die ontologische Maske hindurch interessiert, nicht? –, der wurde nicht als biologische Episode auf den Schild gehoben wie jetzt, wo Leben eine sportmedizinische Kategorie ist, sondern als Monument der menschlichen Freiheit, ja? Schon gut, ich weiß, das alles klingt heute so fern wie der Gallische Krieg.

XI

C. O.: Peter, du hast dich in einer bestimmten Phase deiner Entwicklung auch mit Religionsproblemen befaßt. Im Laufe unseres Gesprächs ist wohl klar geworden, inwiefern manches davon eine Reaktion auf Konflikte in deiner eigenen Sozialisationsgeschichte gewesen ist. Ich möchte nun nicht mehr biographisch und zeitgeschichtlich ansetzen, sondern eher philosophisch. Mich interessiert jetzt deine theoretische Einstellung zur Religion. Wie stehst du heute dem religiösen Phänomen, um es bewußt so vage auszudrücken, gegenüber? Du verbindest ja, meine ich, die christlich-abendländische Auffassung mit außereuropäischen Perspektiven. Mir scheint, dieser Komplex ist nicht zuletzt deswegen so wichtig, weil es in Teilen der Öffentlichkeit noch immer von dir das Klischee des Indienfahrers, des Sympathisanten einer spektakulären Sekte gibt; obwohl für jeden, der deine Bücher liest, völlig evident ist, daß du längst ganz woanders stehst. Kannst du vielleicht diesen Zusammenhang erläutern?

P. S.: Du fragst mich, wie ich der Welt der Religion oder – wie sagst du? – dem religiösen Phänomen gegenüberstehe. Ich frage dich umgekehrt, wie kann man der Religion gegenüberstehen? Das erinnert mich an eine Anekdote über einen Anarchistenprozeß im späten 19. Jahrhundert in Paris, wo der Richter fragt: Angeklagter, geben Sie zu, daß Sie da und da hinter einer Laterne standen? Woraufhin der Angeklagte sagt, unmöglich, Herr Richter, haben Sie schon mal den Hintern einer Laterne gesehen? ... Das Wortspiel geht im Französischen besser auf. Da gibt es also ein Problem des Ortes. Lieber würde ich zunächst vom religiösen Feld reden, oder anspruchsvoller vom generativen Pol des Religiösen. Wäre ich boshaft, würde ich deine Formulierung parodieren: Ich könnte sagen, dem religiösen Feld stehe ich nicht gegenüber, ich bin mitten in ihm, ich habe mich drin verloren, also kann ich keine Orientierung haben. Ich bin so mittendrin, daß die Religion verschwunden ist. Religion verliert sich, wenn man sich in ihr verliert. Ich lebe im Auge des Zyklons der Religionen – das ist ein den manifesten Religionen transzendenter Standpunkt. Also bin ich bestenfalls dort, von woher sie kommen, von wo aus positive Religionen formuliert werden. Alle Menschen sind zunächst dort, wo sonst? Neugeborene haben noch keine Religion und manche alte Hasen keine mehr. Nach meiner Analyse bilden sich Religionen in einem dreipoligen Feld aus psychischem Primär- oder Kernprozeß, klärender Meditation und kommunikativer Symbolisierung, und ich bewege mich, ob ich will oder nicht, fortwährend in diesem Raum. Man könnte genausogut sagen, daß dies das Quellengebiet ist, aus dem die großen Erzählungen stammen, die weltumspannenden Geschichten von der ersten Störung und der letzten Wiedergutmachung. Das ist eine Region, in der das Logische und das Lyrische noch nicht voneinander unterschieden sind und wo die Weltbild-Dichtungen der Völker entspringen. Aber verstehe mich richtig: Die verfaßten Religionen sind mir mehr oder weniger fremd, sie kommen mir so bizarr und verschlossen vor wie den meisten modernen Europäern, die vom konfessionellen Bedürfnis nur noch wenig spüren. In diesem Punkt bin ich nicht mehr und nicht weniger als ein Praktikant des analytischen Mythos – ich habe den eigenen religiösen Code dekonstruiert. Mit westlichen Mitteln habe ich etwas Ähnliches getan wie das, was mit östlichen von den Buddhisten geleistet wird – auch der Buddhismus vernichtet die metaphysische Vorstellungswelt. Im übrigen ist die Analogie zwischen westlicher Analytik und östlicher Spiritualität nicht nur mir aufgefallen, das haben viele gesehen; ich habe jüngst Arbeiten von amerikanischen Religionsphilosophen vor Augen gehabt, die eine mahayanabuddhistische Lektüre von Derridas Dekonstruktivismus vorschlagen. Darin stecken Impulse, die ich verstehe. Glaubensbenutzer haben von solchen Theorieübungen nicht viel, aber Benutzer von analytischen Ansätzen gewinnen enorm dabei.

C. O.: Aber dann ist dein Begriff von Religion sehr ungewöhnlich und hat wenig zu tun mit Christentum, Islam, Judentum, Hinduismus, …

P. S.: Diese positive Ökumene ist für mich weniger bedeutsam, weil ich selber kein Positiver bin, also nicht das, was ich Glaubensbenutzer nenne – die Betroffenen würden wohl für sich den Ausdruck Gläubige vorziehen. Glaubensbenutzer sind Leute, die in fertige Religionen hineingeboren wurden oder zu ihnen konvertieren. Ich habe mehr Sinn für die Ökumene der Negativität, daher sehe ich eher Konvergenzen zwischen einem negativen Naturalismus oder illuminierten Nihilismus im Stile von Derrida und mir selber und der buddhistischen oder tantrischen Analyse. – Da gibt's keine These und keine Position, keinen Stand, nichts Häusliches.

C. O.: Kein Dogma.

P. S.: Dogmen sind Programme für Glaubensbenutzer, also für Klienten von Fertigreligionen, deswegen kommen sie für moderne Intelligenz-Stile nicht in Betracht.

C. O.: Aber wie wäre ein Begriff von Religion ohne Dogma zu fassen?

P. S.: Ich hätte für ein Konzept wie »Religion ohne Dogma« keine Verwendung, weil ich glaube, daß es in diesem Feld schon bessere Ansätze gibt. Lassen wir doch den positiven Glaubensgebilden in aller Welt den alten schönen Namen Religion – von dem übrigens nicht recht klar ist, was er bedeutet, denn die Übersetzung mit »Rückbindung« überzeugt mehr die Pietisten als die Linguisten. Aber egal, gestehen wir den Religionen das Recht zu, metaphysische Überzeugungs- und Kultgemeinschaften zu bilden – denn das gehört zu ihren Funktionen, Luhmann hat darüber ein fast undurchdringlich kluges Buch geschrieben.[5] Und man sieht nicht recht, wie man die bisherige Menschheitsgeschichte ohne die Religionen begreifen sollte – um von möglichen künftigen für den Augenblick nicht zu reden. Aber an positiven Glaubensgebilden kann und muß nicht jeder ohne weiteres teilnehmen, vor allem nicht Philosophen. Philosophen haben es in Teilhabe-Fragen schwer, und sie sollen es schwer haben, weil ihre Berufung eine analytische ist. Aus den Glaubens- und Kultgemeinden sind wir ausgebürgert, das ist für uns ein angenehmes Exil, doch unser Bürgerrecht in dem urszenischen und protosymbolischen Feld, aus dem das Religiöse geschöpft wird, bleibt davon unberührt. Wenn ein Intellektueller nicht den typischen Verengungen der Vulgärmoderne erliegen will, dann sollte er gelegentlich mit der Vorstellung experimentieren, er sei selber Stifter oder Medium einer Weltanschauung zur Auflösung aller Religionen. Welche Aufgaben würden sich stellen, wenn sämtliche Religionen erlöschen müßten und wenn ihr Erbe mit möglichst geringen Verlusten in freie informelle Lebensspiele übernommen werden sollte? Mir scheint, da würde sich ein sehr reicher transklassischer Begriff von schöpferischer Philosophie als Existenz-Poetik ergeben.

5 Niklas Luhmann, Funktion der Religion, Frankfurt 1982

C. O.: Kannst du den Grundgedanken umreißen, auf den du dich berufen würdest, wenn du deine Abstoßung von den positiv codierten religiösen Formen, sei es in abendländischer, sei es in morgenländischer Variante, rechtfertigen solltest?

P. S.: Ob es einen einzigen Grundgedanken gibt, der alles ausdrückt, was ich hier will, das wäre zu bezweifeln. Aber es gibt vielleicht eine Szene, eine einzige, mit der ich das Wesentliche erklären kann. Du kennst die Verfilmung des Romans Ben Hur mit Charlton Heston? – Dann erinnerst du dich vielleicht an die Episode, wo Ben Hur als Galeerensklave in die Seeschlacht zwischen den mazedonischen Kaperschiffen und der römischen Flotte unter dem Kommando des Tribuns Soundso gerät? Dabei geschieht etwas, was seltsam genug ist, um die Religionsfrage auszulösen: Der Tribun nämlich – ich glaube, er hieß Arrius – war auf Ben Hur aufmerksam geworden und gibt vor der Schlacht einen mysteriösen Befehl: »Nummer 41 losketten!« Mir scheint, darin steckt alles, was man wissen sollte, wenn man in unserer Zeit von Religionen redet. Ich sage, meine Ambitionen in Religionsphilosophie reichen genau so weit, wie man sie braucht, um diese Szene auszudeuten. Aber sie hat es in sich, denn in meinen Augen gibt der Film hier die Urszene des Religiösen in der Zeit der antiken Reiche wieder; man kann die Kitschproblematik für den Augenblick vernachlässigen. Es ist doch so: Wenn wir heute von Religion sprechen, dann meinen wir zunächst und zumeist spirituelle Lehren, die sich um die Schicksale der Einzelnen im Weltalter der alten und neuen Imperien kümmern. Wenn also das Imperium das Schicksal ist: Welche überimperiale Instanz hält ihre Hand über die von der Macht vergessenen oder vergewaltigten Einzelnen? Kurzum, für mich wäre eine hinreichend starke Theorie der Religion diejenige, die alle Implikationen des Satzes: »Nummer 41 losketten!« entfaltet. Mich interessieren Religionen vor allem als Loskettungspraktiken – üblicherweise sprechen Theologie und Dogma hier von Erlösung oder Rettung. Wie kommt der Sklave von der Ruderbank? Das ist die Frage aller Fragen, und die Antwort, die sich im Ben-Hur-Kontext andeutet, lautet: Er kommt frei, weil jemand auftritt, der die Macht hat, die Ketten zu lösen. Theologisch ergibt das: Wer die Ketten löst, ist der Erlöser. Und sobald dies klar ist, können wir nach den Ketten im allgemeinen fragen. Übrigens gibt es einen bedeutenden Traktat des Renaissance-Philosophen Giordano Bruno, *De vinculis in genere* – »Von den Fesseln im allgemeinen« –, eine Schrift, die zumindest in ihrem Titel unserer Frage hier ganz nahekommt, auch wenn Bruno sich in der Sache auf anderen Pfaden bewegt. Er interessiert sich für das Feld von Binden und Lösen unter psychotechnischer, mnemotechnischer Perspektive.[6] Die Ketten im allgemeinen, an die ich denke, haben mehr mit den Fußketten Ben Hurs zu tun. Da gibt es physisch konkrete Sklavenketten, da gibt es Befehlsketten, die vom römischen Kapitol bis in die afrikanischen, asiatischen, spanischen Provinzen laufen, da gibt es dämonische Obsessionen, es gibt versklavende Leidenschaften, es gibt Anhänglichkeiten an uraltes Elend, und Ketten der Rachepflicht – du erinnerst dich, Ben Hur endet als Christ, weil er während der Kreuzigung des Herrn erlebt, wie der Haß, der Rachezwang in seinem Inneren verdunstet, nun ist er auch von seiner jüdischen Rachegaleere herunter... Das ist die Message, und dem Publikum kommen die Tränen. Wo also Ketten sind, da können Kettenlöser sich nützlich machen. Die

6 Vgl. inzwischen die deutsche Erstübersetzung des Textes: Über fesselnde Kräfte im allgemeinen, in: Giordano Bruno, ausgewählt und vorgestellt von Elisabeth von Samsonow, hg. von Peter Sloterdijk, München 1995, S. 166–228.

christliche Befreiung nämlich, die Redemption, also der Loskauf, ist eine Handelsmetapher vom antiken Sklavenmarkt; sie impliziert die Vorstellung, daß das Böse ein Sklavenhändler sei, der durch den guten Käufer zur Herausgabe seiner Ware gezwungen werden könne. Erlöser befassen sich freilich nicht nur mit Entkettung, sondern auch mit Neu-Anbindung, und damit sind wir bei der Frage, die du mir gestellt hast. Ich bin sicher, daß man heute die Erlösungsreligionen besser verstehen kann, als sie sich selbst verstanden haben. Sie gehören geschichtlich der Welt der Imperien und ihrer psychologischen Innenausstattung an. Aber die aktuelle Weltform ist dabei, zu post-imperialen Strukturen überzugehen, und daher gibt es gute Gründe, sich von diesen religiösen Überlieferungen zu lösen, so imponierend sie oft sein mögen.

C. O.: Inwiefern verstehen wir diese Religionen heute besser, als sie sich selbst verstanden?

P. S.: Wir sehen mit ruhigerem Blick, wie Lösungen in neue Bindungen übergehen – wie Loskettungen zu Wiederankettungen führen. Erlösung war anfangs in der Sache ein einfacher Herrenwechsel – man kann das an alten christlichen Taufformeln noch direkt ablesen. Im ersten Augenblick sind Erlösungen natürlich unwiderstehlich, sie bringen ein Aufatmen und ein besseres Engagement. Da werden Menschen von den Narrenschiffen ihrer alten Elendsgemeinschaften befreit, sie gewinnen Abstand zu Familie, Clan, Stamm und Volk, sie lösen sich von den totalitären Rauschgemeinschaften und von den Zwangskollektiven, die im Zeichen der Verwandtschaft stehen und wo Geburt und Blut alles sind. Ich bezeichne dies als die Welt der Nabelschnüre – zu denen gehören auch ihre Fortsetzungen in unsichtbaren seelischen und brauchtümlichen Verkettungen, aus denen die nationalen Netze gesponnen sind. Es wäre naheliegend zu sagen, daß die Nabelschnur die Mutter aller Ketten ist, und demgemäß wären die Erlösungsreligionen die Fortsetzung der Abnabelung mit anderen Mitteln. Durch Eintritt in die Erlösungsgemeinden kommen die Einzelnen von ihren familialen, herrschaftlichen, völkischen Galeeren frei – sie treten über in eine neuartige Kommune von Befreiten. Die bilden nun ein pneumatisches Volk, ein Volk von Losgeketteten, die nicht mehr horizontal miteinander verwandt sind. Was sie verbindet, ist eine vertikale Verwandtschaft mit dem Gott, der sie alle je einzeln für sich emanzipiert hat. Das ergibt das Urmuster der multikulturellen Gesellschaft – das Volk derer, die den gleichen Erlöser haben, moderner gesprochen, die dieselbe Revolution durchgemacht haben. In diesem Modell läßt sich natürlich ein mächtiges utopisches Potential erkennen – die urchristlichen Kommunen und ihre Revivals singen davon. An den Quellen des Islams, der einen radikal egalitären Impuls hat, soll es Ähnliches geben. Von den soziologischen Implikationen der buddhistischen Gemeinde-Idee, der *sangha*, weiß ich nicht genug, um etwas Belangvolles zu sagen, aber mir scheint, auch sie hat diesen meta-nationalen Zug. Das Ärgerliche für die Modernen beginnt nun damit, daß diese pneumatischen Para-Völker oder Über-Völker, diese Geist- und Gottesvölker, diese Kommunen aus Losgeketteten, ihrerseits sehr bald zu neuen Kettenträgern werden, der römische Katholizismus in vorderster Linie – wäre es anders, so hätte das Wort Kirche am Ende eines zweitausendjährigen Experiments mit sogenannten Erlösungen nicht einen so hirnlähmenden Klang. Aus den Befreiungsgruppen werden neue Nationen, neue Galeeren, Heilsnarrenschiffe, Weihrauchdespotien, Kriegsparteien... Im 16. und 17. Jahrhundert war Europa ein einziges Schlachtfeld für Konfessionsarmeen – psychoanalytisch gesprochen: Hysteriker und Zwangsneurotiker unter Waffen schlagen aufeinander ein in der Absicht, ihre Symptome dem Gegner aufzuzwingen. Im Blick auf solche Entwicklungen hatte die moderne Aufklärung recht, diese fanatisierten Religionsgemeinschaften soweit zu schwächen, daß wenigstens konfessionelle Bürgerkriege unmöglich werden sollten. Um dies zu erreichen, mußte die Aufklärung ein alternatives nicht-religiöses Freiheitskonzept anbieten. So hat sie statuiert, daß die Quelle aller Freiheit die Selbstbefreiung ist. Damit werden die Erlöser und ihre Vikare arbeitslos. Das ganze Feld des Angewiesenseins auf fremde Hilfe wird abgedunkelt, das moderne Subjekt macht alles selbst, und nach offizieller Lehre kann es das auch aufgrund seiner angeborenen unentäußerbaren Autonomie. Die Aufklärung mußte den Individuen unmittelbar die Souveränität zusprechen, um nie wieder eine Diktatur der Erlöser aufkommen zu lassen.

C. O.: Ich versuche, dir zu folgen. Der Begriff Selbstbefreiung klingt vor dem Hintergrund deiner Ausführungen in meinen Ohren seltsam – fast zynisch. Denn entweder gibt es wirkliche Ketten, dann braucht der Angekettete zur Befreiung effektiv einen Helfer, oder es gab nie wirkliche Ketten, aber dann ist auch der Ausdruck Selbstbefreiung eine Luftblase. Ist nicht in dem Projekt der Moderne als Selbstbefreiung von vorneherein ein Selbstwiderspruch eingebaut?

P. S.: In der Tat, weil die Aufklärung voraussetzt, was nicht vorauszusetzen ist, die Souveränität des Individuums. Das ist das Trugbild aller Trugbilder – ein notwendiges vielleicht, ein für die moderne Kultur unentbehrliches, aber dennoch eine arge Chimäre. Man könnte es als die Arbeitsfiktion der Moderne bezeichnen. Individuen sind heute eben *per se* frei und souverän, und basta. Damit wird die gesamte Freiheitsgeschichte durch einen Sprung in eine fiktive Souveränität beendet. Und dieser Sprung hat etwas für sich: Zweitausend Jahre Christentum, zweihundert Jahre permanente Revolution – man möchte Ergebnisse sehen, man ist der endlosen Vorbereitungen auf die Freiheit müde. Loskettung, Erlösung, Befreiung, Heilung, Versöhnung – das alles sind für jemanden, der Ergebnisse will, frustrierende Begriffe, peinliche Ausdrücke sogar. Die Erlöser haben uns immer nur verschieden auf die Freiheit vorbereitet, es kommt darauf an, sie als erreichte vorzutäuschen. Das ist der Sinn aller Simulationen. Wo die Religionsgeschichte endet, fängt die Design-Geschichte an. Damit sind wir übrigens wieder am Anfang unseres Gesprächs, denn deine berühmten neuen Nomaden sind ja nur Leute, die nach dem Abschluß aller Befreiungsgeschichten dazu verdammt sind, Souveränität zu simulieren – das ist die Lage. Das souveräne Individuum, noch arme Sau, und doch schon Modekönig.

C. O.: Denkst du an Lagerfeld und Co.?

P. S.: Ich denke an alle.

C. O.: Deine Charakterisierung trifft jedenfalls idealtypisch den aktuellen Großstädter im Sog des schönen Scheins. Im kollektiven Imaginären haben die Top-Models sogar die Star-Schauspielerinnen überflügelt. Nebenbei gesagt: Vielleicht wäre es ganz gut, wenn das, was du eben dargestellt hast, von den Kreisen rezipiert würde, wo du immer noch verschrieen bist als Sektierer.

P. S.: Manchen Leuten stecken meine indischen Exkursionen noch im Kopf, warum eigentlich? Vielleicht ist es nicht nur so dumm, wie es auf den ersten Blick scheint. Möglicherweise verbirgt sich in dem Argwohn mancher Leute eine Frage, die ich hätte beantworten sollen. Mag sein, daß ich einigen Lesern etwas schuldig geblieben bin. Ich hätte wohl einen Poona-Essay oder einen Entwicklungsroman schreiben sollen – ein wenig wie John Updike es gemacht hat, der die Exkursion der Bhagwan-Bewegung nach Oregon als Hintergrund für ein geistreiches Buch mit dem Titel »S.« behandelt hat.

C. O.: Wovon hätte ein solcher Essay gehandelt?

P. S.: Von zwei Dingen, erstens von meinen Erfahrungen mit dem Mann, der sich damals Bhagwan Shree Rajneesh nannte, und zweitens von einer zugleich kritischen und positiven Theorie der Sekte als psychosozialer Übergangsform.

C. O.: Kannst du das kurz umreißen?

P. S.: Um keine Zweifel aufkommen zu lassen: Ich halte Rajneesh noch immer für eine der größten Figuren des Jahrhunderts – er war ein Mann mit Geist, Energie und Spielsinn, wir werden nie wieder seinesgleichen sehen. Er war der Wittgenstein der Religionen, denn er hat die Sprachspiele der Weltreligionen radikal auseinandergenommen, bemerkenswert vollständig und mit der Grausamkeit, die aus der Vertrautheit mit den religiösen Tricks kommt. Er hat alles dekonstruiert und alles wiederholt, und zwar, wie mir scheint, unter der richtigen Annahme, daß die Religion nur durch aktive Religionsspiele untersuchbar wird. Der Westen ist weithin in einer bloßen Ablehnungskritik steckengeblieben, man könnte sagen in der Religionskritik durch Fremdwerden, Vergessen und Ignorieren. Rajneesh ist den entgegengesetzten Weg gegangen, er hat die positiven Religionen durch experimentelle Religionsspiele überwunden und hat sie auf subtile Weise zugleich vernichtet und aufgehoben. Seine Hauptmethode war die Parodie, genauer die Analyse durch die Affirmation. Im wesentlichen war der Ashram in Poona ein Institut für Vergleichende Religionsforschung – mit angegliedertem Labor für erotische Feldarbeit. Es gab an ihm viele begabte Forscher und Forscherinnen, ich war lange genug da, um es zu bezeugen. Wir würden das alles heute wohl unter interaktiven *gender studies* einordnen. Die Studienordnung an diesem Haus war eher von der frivolen Art, man taumelte von einer Übung zur anderen; ich erinnere mich an postgraduierte erotische Seminare, bei denen es den Teilnehmern den Atem verschlug. Doch wenn es eines gab, worüber an dieser Fakultät nicht diskutiert wurde, dann waren es Quotenfragen; denn der Lehrkörper bestand zu großen Teilen aus Frauen, Schönheiten, Entblößtheiten, duellfreudig, berührungswillig in einer Weise, an die heute zu erinnern melancholisch stimmt.

C. O.: Das macht neugierig, willst du mehr darüber sagen?

P. S.: Um Himmels willen, nein. Diese Dinge gehören ein für alle Mal in eine andere Zeit, und es wäre falsch, so zu tun, als könnte man sie von einem heutigen Standort aus erzählen. Aber ich sage noch ein Wort über Rajneesh. Er hatte einen cleveren Appell lanciert: »Kommet her zu mir alle, die ihr euch von mir etwas versprecht, was ich nicht halten werde, ich will euch zeigen, wo's langgeht.« Das war harter Stoff und zugleich Sphärenmusik, ein hohes Spiel. Wer sich darauf einließ, der sah sich plötzlich im Inneren eines zen-artigen Meisterprojekts mit etwas diabolischen Zügen. Was Rajneesh selber anging, so wurde er zuletzt vielleicht ein Opfer seiner eigenen Medialität, denn er war verspielt wie ein Kleinkind, er neigte zu der Auffassung: Was Spielzeuge sind, das bestimme ich; und er machte buchstäblich alles zu Spielzeug, zu Erleuchtungsspielzeug. Im kritischen Moment kam es bei denen, die es begreifen konnten, zu einer Operation am offenen Herzen der Illusion – ohne Narkose. Die anderen durften nach persönlichem Bedarf ein wenig weiterträumen und wenn nicht alles trügt, so träumen sie noch heute.

Also auf Rajneesh lasse ich nicht leicht etwas kommen, obwohl es dunkle Punkte in seiner Gestalt gibt. Zudem wirken seine Reden, vor allem die späteren, für westliche Rezipienten bestürzend primitiv. Sicher hat dieser Eindruck von übermäßiger Vereinfachung mit dem Bruch zwischen einer mündlichen Kultur wie der indischen und einer schriftlichen wie der europäischen zu tun. Für unsere aufgedrehten Schriftgehirne können die Botschaften aus der Mündlichkeit nur simplistisch wirken, oder unterkomplex, wie es heute so schön heißt. Ein mittelmäßiger Sekretär in der Schriftlichkeit muß sich einem Großmeister in der Mündlichkeit unendlich überlegen fühlen, der Medienwechsel bringt das mit sich. Doch diese Überlegenheitsgefühle sind trügerisch, daran zu zweifeln wäre eine Dummheit.

Im übrigen war Rajneesh als Psycho-Scharlatan amüsanter als Jacques Lacan, der mit ihm damals um den Titel eines Meisters aller Meister konkurrierte. Tatsächlich hat auch Lacan das Mündlichkeitsproblem gesehen, und er löste es für sich selbst durch eine Flucht ins öffentliche Delirium. Damit hielt er die Meister-Schüler-Spannung aufrecht und schob den Augenblick hinaus, in dem sich der Schüler doch dem Meister überlegen fühlt und geht. Lacan hatte es natürlich mit seiner Pariser Literaten-Klientel viel schwerer; er mußte die Neurose als Sprachkunstwerk ausrufen und ständig neues Blabla und Meta-Blabla produzieren, aber irgendwann war auch bei ihm die Platte des psychotischen Surrealismus abgespielt. Lassen wir das Thema.

C. O.: Wie du willst. Ich kann allerdings nicht glauben, daß du hiermit alles gesagt hast, was du zu Lacan zu sagen hättest. Mir fällt die Impulsivität, um nicht zu sagen polemische Überzogenheit, deiner Bemerkungen auf.

P. S.: Was mich lebhaft macht, sind eher die psychologischen Fragen als solche, die hier ins Spiel kommen, nicht die Person oder das Werk Lacans; die Zeit, als ich ihn faszinierend fand, ist lange vorüber. Ich wollte lieber noch einmal auf die Sektenfrage zurückkommen. Ohne Zweifel könnte sie das interessanteste soziologische Thema der Gegenwart sein, wären die Soziologen nicht in der Mehrheit erloschene Köpfe. Am Verhalten zu den Sekten läßt sich der latente Totalitarismus der aktuellen Marktgesellschaft und ihrer Intellektuellen darstellen, denn der totalitäre Markt duldet nur das lockere, ausgekühlte Modell der Gesellschaft als freier Kundenassoziation, und genau das sind Sekten *a priori* nicht. Sekten sind heiße Kommunen, Brutkästen, Psychoreaktoren, sie sind organischer als die kühlen Massen atomisierter und vernetzter Käufer-Nomaden. Und die bürgerliche Gesellschaft duldet keine organischere Gesellschaft neben sich, sie erklärt den heißen Kommunen den Krieg. In einzelnen Fällen ist das auch berechtigt, weil solche Kommunen gelegentlich durchschmelzen und in paranoide Endkampfszenarien oder auf gurukratische Abwege geraten. Aber in den allermeisten Fällen passiert das nicht, und so sollte man, denke ich, die Sekten in Ruhe lassen. Zwar garantiert der moderne Staat, die politische Form des totalitären Marktes, formal die Religionsfreiheit, aber nur wenn die sogenannten Religionen Kirchen sind, also ihrerseits schon ziemlich kühle bürgerliche Gesellschaften; moderne Kirchen bedienen lockere Käufer-Gemeinden. Eine enthusiastische Kommunenbildungsfreiheit wird nicht gewährt – und die wäre der psychodynamisch interessante

Punkt, weil Menschen ja zunächst Brutkastentiere sind, und wenn die überaufgelockerte bürgerliche Konsumentengesellschaft, dieses Ensemble aus letzten Menschen, schlecht oder gar nicht mehr brütet, wer soll dann die Brutkastenfunktion wahrnehmen?

C. O.: Man möchte sagen: Kühle Gesellschaften sind Jahrmärkte der Unverbindlichkeit. Deine Brutkasten-Theorie macht mir unter anderem klar, was ich an Luhmanns Systemtheorie extrem problematisch finde: Er legitimiert den Autismus der Einzelsysteme auf allen Ebenen – von den Liebesbeziehungen bis zur Weltwirtschaft. Sein Weltbild verführt die jungen Intellektuellen dazu, die Brutkastenfunktion, wie du das nennst, als vormoderne, scheinbar überholte Affäre zu verabscheuen.

P. S.: Mach dir nichts daraus, Carlos, die Systemtheorie ist die Fortführung des Idealismus mit heutigen Mitteln, und Idealismen entstehen, wenn Denker meinen, etwas gefunden zu haben, was ihnen das Zusammenleben mit anderen erspart. Die einzige sinnvolle Alternative zu einer überspannten Systemtheorie wäre eine hinreichend tief verankerte Anthropologie der inspirierten Kommune. Etwas in dieser Art kommt ja zur Zeit in Gestalt des amerikanischen Kommunitarismus in unsere soziologische Diskussion zurück, ein wenig hilflos vielleicht, aber durchaus bedeutsam. Kommunitarismus ist Heimweh nach der guten Sekte. Und die Amerikaner haben recht, so zu empfinden, denn die gute Sekte oder die inspirierte Gemeinde war die Quelle des demokratischen Traums.

XII

C. O.: So spannend es wäre, hier weiterzufragen, wir müssen für heute darauf verzichten. Auch ein langes Gespräch muß irgendwann enden. Darum will ich schnell auf die letzten Punkte eingehen: Ich möchte noch eine Frage zu den deutschen Intellektuellen und eine Frage zu den Medien stellen.

Nach 1989 lief eine ideologisch hoch aufgeladene Debatte durch die deutschen Feuilletons – im übrigen nach durchsichtigen Spielregeln. Rechtskonservative Blätter, die FAZ an der Spitze, wollten nach dem Kollaps des Spätstalinismus das ganze linke Potential, die kritische Denktradition mit Bausch und Bogen *ad acta* legen. Diese Debatte hat sich rasch totgelaufen – ihre Intentionen waren wohl zu leicht durchschaubar. Eine andere ist an ihrer Stelle aufgekommen: Man richtet jetzt sein Augenmerk darauf, wie frühere linke Intellektuelle Motive anschlagen und Themen besetzen, die ehemals fest in rechter Hand waren. Das ist doch wohl die Quintessenz des Botho-Strauß-Skandals im Anschluß an den Essay »Anschwellender Bocksgesang«, jedenfalls in meinen Augen. Auch diese Debatte ist abgeklungen. Doch die Affäre schwelt weiter, inzwischen treten linksliberale Kritiker hervor – ich denke hier konkret an Thomas Assheuer in der »Frankfurter Rundschau« –, die konservativ-revolutionäre Zusammenhänge konspirativer Art zwischen Autoren der mittleren Generation entdecken wollen, und dazu gehörst auch du.

P. S.: Ein guter Witz.

C. O.: Es ist nicht witzig. Ich denke, es geht zunächst darum, Botho Strauß in einen Zusammenhang zu stellen, zu dem

Leute wie Wim Wenders, Peter Handke und angeblich auch du gehören. Die These ist überdeutlich: Strauß *ist* kein Alleintäter, er hatte Komplicen, er kommt aus einem Umfeld, und diese Komplicen, zu denen angeblich auch du gehörst, werden verdächtigt...

P. S.: ... an einer Verschwörung gegen das Frankfurter System teilgenommen zu haben, ich verstehe.

C. O.: Ich würde eher sagen, an einer Konspiration gegen den linksliberalen Konsensus. Ich habe den Text von Thomas Assheuers Rezension des neuen Buches von Botho Strauß vor mir, sie erschien vor einiger Zeit in der »Frankfurter Rundschau«. Ich lese es dir vor:

> »Das gnostische Quartett ist klein und rein. Wim Wenders schickt Engel des Unvordenklichen unter die Nomaden der Städte. Nun atmen sie das Pneuma des Ursprungs. Bei Handke wird die herzensträge Welt unter den Engeln der Müdigkeit porös und fremd. Heilige Anwesenheit, wahre Präsenz. Peter Sloterdijk läßt das Boot der fatalen Moderne stranden, damit jenseits der zynischen Vernunft die Menschen neu geboren werden. Hier sind sie, was sie nicht sind, Serienkinder der vergessenen Vorzeit, im Eigentlichen angekommen.«

Also: was ist mit euch los? Wie würdest du, als der Vierte in der gnostischen Viererbande, auf solche ironischen Anwürfe, die zugleich sehr ernst gemeint sind, antworten?

P. S.: Nun, solche Spekulationen drücken zunächst ein simples strategisches Bedürfnis aus. Das Feuilleton braucht grobe Szenarien, erkennbare Trends, Grundrisse für primitive Antithesen, über die sich streiten läßt wie über Gut und Böse. Das ist normal und harmlos, Teil der üblichen Konfliktinszenierung in den Medien. Kein Mensch nimmt dergleichen ernst. Im wirklichen Leben sind wir vier uns nie begegnet, nicht einmal auf den Regalen in den Buchhandlungen, auch da stehen unsere Sachen weit auseinander, H und S und W, das trifft sich nicht. Nur mit Strauß habe ich das S gemeinsam, da kann es schon vorkommen, daß unsere Bücher mal Einband an Einband vor sich hindämmern, in der Weltlosigkeit der Regale. Wo will man gemeinsame Angriffspunkte finden? Wie müßte man ansetzen? Ich versuche eine eigene Deutung: Wir stehen gemeinsam im Verdacht, verfeinerte Unterscheidungen anzubieten, mit denen man im Kampf ums Dasein nicht durchkommt. Wenn es einen gemeinsamen Zug in den Äußerungen der Vier gibt – einen sehr vagen –, dann liegt er in der Neigung zu Randgängen und in der Empfänglichkeit für Nachschwingungen von Themen aus der metaphysischen Tradition. Vielleicht gibt es bei den widerwärtigen Vier auch einen gewissen Mut zum Pathos, zur Stilbildung. Aber schon damit ist zuviel gesagt, und das Vergleichen ist so schnell am Ende, wie es begann. Vernünftige Äußerungen, die treffen sollen, können nur noch im Blick auf die einzelnen Werke formuliert werden, Autor für Autor, Buch für Buch. Unser Rezensent wollte es anders. Er brauchte eine Tätergruppe, eine Trendbande, und wie es aussieht, scheinen seine Ermittlungen von Erfolg gekrönt – da stehen sie, die gnostischen Vierlinge. Woran sie schuld sind, wird mir aus dem Stück, das du zitiert hast, nicht recht klar, aber der Ton läßt keinen Zweifel übrig – die feinen Vier sind erwischt worden, wie sie sich aus unserer schönen Welt davonmachen wollten ins Höhere oder Tiefere. Aber nix da Tiefe. Übrigens ist die Stelle hübsch geschrieben, es ist nicht das Sprachtalent, woran es bei dem Autor mangelt; wer solche hochtoupierten Genitivwendungen vorführen kann, ist nicht ganz verloren.

Ich bin fast sicher, er ist ein Sympathisant, der nicht gesteht. Ich kenne den Typus von Kritikern, eigentlich ist er sympathisch, nur sehr feige, hat Angst vor den Einflüssen, die ihm gefallen. Solche Leute biedern sich leicht an die scheinbar stärkere destruktive Tendenz an. Es steckt dann ein erodynamischer Knoten in der Affäre.

C. O.: Aerodynamisch –?

P. S.: Erotodynamisch, ich hätte auch verklemmt sagen können, denn Verklemmung ist stets mehr ein intellektueller Sachverhalt als ein erotischer. Aber was will der Mann hier? Er führt seinem Publikum seine Verdächtigen vor: Seht her, wir haben sie dingfest gemacht, diese Verfeinerungs-Schwindler, diese Wiederholungstäter der Nachdenklichkeit. Die wollten doch glatt aus unserer vereinbarten Realität abhauen. Die schreiben über Dinge, über die wir nicht schreiben. Was sollen wir mit ihnen anfangen? Man amüsiert sich über sie, das ist medientypisch, kein Mitspieler im modernen Literaturtheater wird sich über eine solche kleine Neckerei beklagen. Aber das ist nicht alles.

XIII

C. O.: Wie meinst du das? Warum ist das nicht alles? Als Beobachter, der aus einem anderen Land kommt, fällt mir auf, daß hier in der Literaturkritik so ein fanatisch hämischer Ton herrscht.

P. S.: Eben, es kommt etwas hinzu, was zu den Besonderheiten des deutschen Sozialcharakters gehört, eine dunkle Geschichte. Ich weiß nicht, ob man in Spanien dergleichen kennt. Bei uns gab es eine Institution des mittelalterlichen Strafrechts, den sogenannten Pranger, an den wurden kleinere Übeltäter gestellt, Bäcker, die beim Gewicht der Semmeln geschwindelt hatten, untreue Frauen, Trunkenbolde. Der Pranger ist ungefähr das mittelalterliche Äquivalent für ein Bußgeldverfahren nach Falschparken und Alkohol am Steuer. Die Pointe ist nun: Die Täterausstellung war vorzeiten schon die Täterbestrafung selbst – und man begreift, in mittelalterlichen Kleinstädten war das eine empfindliche, tief kränkende Maßnahme. Der Pranger wurde mit dem modernen Strafrecht abgeschafft, weil er gegen das Menschenrechtsempfinden verstößt, in Großstädten wäre er ohnehin nicht mehr effektiv gewesen. Aber im deutschen Feuilleton hat er überlebt. Wie gesagt bestand der Sinn der Pranger-Justiz darin, daß das Vorzeigen einer Person die Strafe selbst ist. Eine prägende deutsche Einrichtung, eine deutsche Grunderfahrung: Gezeigt werden heißt bloßgestellt werden. Wer will die aktuelle deutsche Kultur verstehen ohne dieses Axiom? Die Deutschen haben die Prangerpraxis nie vergessen, sie kannten die peinlichste Beschämungs- und Kränkungskultur unter den Europäern, und sie halten an ihr bis heute fest.

Man sieht, es gibt einen deutschen Sonderweg in die Häme. In der deutschen Anprangerungslust überlebt eine Form von mittelalterlicher Öffentlichkeit, die tatsächlich sehr oft eine Mob-Öffentlichkeit war, eine Hetz-Öffentlichkeit, eine Verhöhnungs- und Blamierungsöffentlichkeit. Unter einem kulturhistorischen Aspekt finde ich es faszinierend, wie solche Affekt-Dispositionen durch demokratische Zeiten hindurchwandern können, ohne sich wesentlich zu verändern. Und so treten sie gerade dort zutage, wo sie heute niemand vermutet, in den Hochburgen demokratischer Sensibilität, auf den behüteten Spalten der Buch- und Kulturkritik in den liberalen Blättern. Ich will um Gottes willen den von dir zitierten Text nicht überinterpretieren, aber mir fällt an der Schreibweise der gestische Zusammenhang mit der mittelalterlichen Bloßstellungspraxis auf. Was der Autor schreibt – ich kenne jetzt nur dieses Stück da, das du vorgelesen hast, aber es sagt genug –, ist typische Pranger-Prosa. Scheinbar kenntnisreich, scheinbar treffend, scheinbar beweisend, immer blamierend, mit dünn gespitzten Fingern auf die angeklagten Objekte zeigend, so daß in der bloßen Vorführung tatsächlich schon die Strafe, der öffentliche Hohn enthalten zu sein scheint, mitsamt dem Seitenblick auf das Kollektiv, das Genugtuung darüber empfindet, daß es wieder jemanden richtig erwischt hat. Eines ja ist klar: Der Anprangerungs-Kritiker würde sich nicht nach vorne wagen, wenn er sich nicht sicher fühlte und das Mandat seines Milieus im Rücken hätte. Damit kommen wir zum kritischen Punkt: Welche Milieu-Aufträge stehen hinter solchen Verhöhnungsübungen? Für welche Ohren spottet dieser Vogel? In welcher mentalen Verfassung befindet sich das Kollektiv, dem man zurecht unterstellen darf, es werde derartige Mixturen aus Scheinreferat und Hetze goutieren? Mit Shakespeare gesprochen: »Welch edler Geist ward da zerstört!« Oder mit einer zeitgemäßeren Phrase: Wie war der lange Marsch in die Gemeinheit möglich? Um diese Fragen gut zu beantworten, müßte man eine Psychohistorie der deutschen Linken und Linksliberalen von 1968 bis in die neunziger Jahre hinein schreiben: die Verkrustungs- und Verbitterungs- und Stagnations- und Anmaßungsgeschichte einer intellektuellen Generation. Leider sehe ich in der deutschen Szene niemanden, der eine solche Aufgabe heute schon lösen könnte. Aber ich bin davon überzeugt, daß sie eines Tages bewältigt werden kann, wahrscheinlich eher bald als später.

C. O.: Wäre es eine Aufgabe für dich?

P. S.: Keinesfalls, ich habe andere Dinge im Kopf. Es wäre zu klären, woher die altlinke und linksliberale Bitterbosheit kommt, die sich an Autoren wie Handke und Strauß und Hans Peter Duerr, dem Ethnologen, und an Filmemachern wie Wenders und einigen anderen entlädt. Was meinen Fall angeht, so sind die Ressentiments, die ich auf mich ziehe, wenn ich recht sehe, noch speziellerer Natur. Ich bin für diese Subdiakone der Kritik noch anders provozierend als meine Prangernachbarn.

C. O.: Kannst du das erläutern?

P. S.: Es wäre ein Fehler, auszusprechen, was ich hierzu denke. Das ist eine Sache für die Nachwelt. Ich mache meine Notizen, später wird man sehen.

C. O.: Wann später?

P. S.: Irgendwann. Wenn es Zeit ist für das Psychogramm einer verlorenen Generation. Es ist ja schon seltsam, fünfundzwanzig Jahre sind ins Land gegangen – schöne deutsche Redensart übrigens, man fragt sich manchmal, was machen die Jahre dort im Land? Die alte Linke ist zerfallen, die gemeinsamen Ziele aus den Augen verloren, die Ideale von Karikaturen und Karrierismen überdeckt. Aber merkwürdig, die alten Aversionen sind noch da wie vorzeiten, die alten Unleidlichkeiten haben überlebt, und die alten Untugenden auch. Diese altlinksliberale Halberzogenheit kriecht überall aus den Löchern, ganz ohne utopische Ausreden. Die Ideale gehen, die Gemeinheit bleibt, und dort am auffälligsten, wo Intellektuelle sich immer noch geben, als wäre dort, wo sie sind, oben. Ich hatte Gelegenheit, diese neu-altdeutsche Ungezogenheit im kritischen Gewande zu studieren, denn meine Bücher haben sich in den genannten Milieus seit jeher durch einen erhöhten Anpöbelungs-Koeffizienten ausgezeichnet. Im übrigen kann ich die Leute verstehen – sie spüren, daß etwas an ihnen vorbeiläuft, was sie nicht fassen, und dem sie so gern überlegen wären. Aber seltsam bleibt es doch, wie leicht sie sich jetzt hervorwagen, diese Halberzogenen, ältere wie jüngere, die über alles Schwierige so mühelos siegen, diese Halbklaren, die schnellmürrische Urteile über das Zerbrechlichste schon für Erfolge der Kritik halten. Aber vielleicht ist es kein Wunder. Wer hat sich je die Mühe gemacht, ihnen den Unterschied zwischen Ironie und Häme zu erklären?

C. O.: Peter, ich kannte dich bisher nicht als Polemiker, deine Bücher machen immer einen gelassenen Eindruck...

P. S.: Ich bin eine unpolemische Natur, das ändert nichts daran, daß ich in bestimmten Dingen Deutlichkeit erreiche – ich habe den bösen Blick in der Dosierung, die man braucht, um sich im intellektuellen Feld zu orientieren.

C. O.: Ist das eine hohe Dosis?

P. S.: Eine sehr hohe.

C. O.: Ich will mir auch eine kleine sozialpsychologische Anmerkung erlauben. Was ich hier so sehr vermisse, ist der Sinn für Zweideutigkeit, für Ironie. Das wird uns Südländern oft als Unzuverlässigkeit und Unseriosität vorgeworfen, ich hingegen glaube, daß es ein Vorzug ist: Das römisch-katholische Element, zusammen mit der südlichen Mentalität, zeitigt darin seine besten Früchte. Hier ist alles oft so gewissenhaft eingleisig.

P. S.: Ähnliche Bemerkungen, Carlos, kannst du bei Hölderlin nachlesen, und bei Heine.

C. O.: Eine kleine Nachfrage zu dem deutschen Feuilleton- und Intellektuellenstreit möchte ich nun doch noch anhängen. Mir scheint klar, daß eine gewisse etablierte linksliberale Kulturkritik mit den Bewußtseinsveränderungen, die sich bei den mittleren Jahrgängen offensiv zeigen, schwer zurechtkommt. Sie fühlen sich überholt, sie erfahren wie die meisten älteren Zeitgenossen, daß sie das Entscheidende, was immer das sein mag, nicht mehr begreifen, doch...

P. S.: Das mag sein, ich würde es noch anders formulieren...

C. O.: Moment, Peter, ich will konkret fragen, wie geht man aber mit Phänomenen wie neuem Nationalkult, Blutgesängen usw. um, von denen man bei Botho Strauß doch einiges geboten bekommt? Bei ihm tauchen solche Motive in positiven Tönen wieder auf – was soll man davon halten?

P. S.: Ich habe mich oft gefragt, ob nicht die Strauß-Debatte nach dem »Bocksgesang« von vorneherein ein inszenierter Skandal war. Lief da nicht ein montierter Coup ab? Ein vom »Spiegel« mutwillig inszenierter Psychotest: Wie drücke ich bei einfachen Intellektuellen die Knöpfe? – Mich haben die Debatten nach dem Artikel erinnert an die beliebten Shows mit der versteckten Kamera: Eine Nation von Düpierten läßt sich bei ihren Entrüstungsreflexen filmen. Leider hat es Strauß unterlassen, wie es sich bei solchen Spielen gehört, zu einem bestimmten Zeitpunkt selber die Szene zu betreten, sich zu erkennen zu geben und den armen abfotografierten Reflexintellektuellen zu erklären, daß dies ein Test war, eine höhere Essayform... Den Skandal hat Strauß reichlich abbekommen, die Chance zum Metaskandal hat er ungenutzt gelassen. Jedenfalls fand ich in seinem Aufsatz inhaltlich nichts, was diese Hysterie gerechtfertigt hätte. Originell war ja nur die mediale Inszenierung des Skandals als Essay-Form.

C. O.: Da kann ich nicht ganz folgen. In dem Text stehen Äußerungen wie: Wir verflachten Konsummenschen seien nicht mehr fähig zu verstehen, daß früher und anderswo für die Nation oder andere große »Ideale« Blutopfer gebracht wurden. So völlig harmlos ist das doch nicht.

P. S.: Es ist nicht die Aufgabe des Schriftstellers, harmlos zu sein. Mir scheint, wir haben aus dem Auge verloren, was ein Schriftsteller ist und was er tut, wenn er seinem Metier nachgeht. Schriftsteller sind Experimentatoren, ihr Job ist das Aufspüren der gefährlichen Substanzen, die man die Themen nennt, die Tiefenthemen der Epoche. Die werden von den Autoren prozessiert, zerlegt, gefiltert, umgekehrt, rekomponiert. Das ist *eo ipso* ein riskanter Job, mit gutem Willen allein ist er nicht zu bewältigen. Wenn ich die Sätze von Strauß über die Blutopfer lese, dann scheint mir evident, was er tut. Er veranstaltet ein Experiment über die Frage: Was ist es, was für die Opferer eine Wirklichkeit ist und für uns keine? Was verstehen wir da nicht oder nicht mehr? Was ist mit uns geschehen, daß wir es nicht verstehen? Und wenn ich ihn richtig lese, so redet er nicht einer neuen Blutopfergesinnung bei uns das Wort, sondern er fragt: Was heißt es, in einer Zeit und in einer Welt zu leben, in der alles, was hart, schwer, unerträglich, grausam, aber doch in manchen Weltlagen unumgänglich war, in unser Inneres überhaupt nicht mehr eingeht? Wozu haben wir Schriftsteller, wenn nicht dazu, solche Fragen zu stellen und solche Beunruhigungen auszuloten? Sie müssen Obszönitäten und Dunkelheiten durchforschen und Materien bewegen und anfassen, von denen sich das Alltagsbewußtsein zurückgezogen hat. Es ist ein übles Symptom von verfallender Öffentlichkeit, wenn sogar Kritiker, also öffentliche Intellektuelle, nicht mehr verstehen, was ein Autor tut, indem er gefährliche Ansichten von gefährlichen Stoffen ausprobiert. Man sollte es anerkennen, daß ein Linker von früher sich so tief hat einarbeiten können in das Höhlensystem der konservativen Logik, von dem doch kaum ein Zeitgenosse auch nur noch das Geringste weiß. Strauß liest katholische Klassiker, gut, er liest Dissidenten der Moderne, auch gut – wird er durchs Lesen und Nachverstehen solcher Dinge Katholik und Renegat seiner Zeit? Mir scheinen solche Verdächtigungen ärmlich, paralytisch. Ich muß es noch einmal sagen – diese einfachen Linken und Vorsichtsintellektuellen, die haben vergessen oder nie gewußt, was ein Autor ist. Autoren von Qualität tun und sagen Unerhörtes, Schwerhörbares, Neuhörbares, sie experimentieren mit neuen und alten Sätzen im ästhetischen und logischen Raum, sie proben Setzungen, sie haben die Qual und die Freiheit der Form – zwei Dinge, die unmittelbar zusammenhängen, denn Freiheitsgewinn in der Form ist meistens die Kehrseite von Leiden. Ein Autor ist ein Studio für schwierige Stücke, für wenig gespielte Gedanken. Sein Inneres dient als ein Experimentalraum, in dem virulente thematische Materie getestet und geformt wird – darunter sind hochgiftige Substanzen. Es gibt eine direkte Relation zwischen der Größe eines Autors und der Gefährlichkeit der Stoffe, die er prozessiert und meistert. Aus Harmlosigkeit entsteht nur wieder Harmlosigkeit, aus Gefährlichem entsteht Denken, und wenn das Denken den Form-Punkt findet, kommt der Augenblick der Kunst. Ein Autor, der etwas taugt, infiziert sich selbst mit den Stoffen, an denen er arbeitet – das ist nun einmal nicht anders, Thomas Mann hat das so gemacht, Kafka, Hans Henny Jahnn, Benn, Musil, Broch, alle Großen des Jahrhunderts, sie sind alle auch Meister des gefährlichen Denkens gewesen. Strauß kandidiert für Größe, das ärgert viele, und über seine Kandidatur ist noch nicht entschieden. Aber Denken und Kunst leben in Selbstversuchen, und ein bedeutender Selbstexperimentator ist er allemal. Kurzum, ich würde Botho Strauß gegen jede Art von Gesinnungskritik an den unebenen Meinungs-Oberflächen seiner Versuche in Schutz nehmen. Man muß ihn allein lassen mit denen, die an seinen Büchern Stilkritik üben und an seiner Person Haltungskritik, es ist seine Sache und nur seine, aus solchen Antworten aus dem Publikum Folgerungen zu ziehen oder nicht. Aber wenn man sieht, wie hier die Funktion des Autors und des Künstlers selbst von Kritikern aus dem Lager der alten und neuen Korrekten angegriffen und verkannt wird, dann hört der Privatspaß auf, dann ist es Zeit, wieder mal öffentlich über Autorenrechte zu reden.

XIV

C. O.: Ich habe oben davon gesprochen, daß gewisse Intellektuelle der mittleren Generation, deiner Generation also, sich auf Wege begeben haben, auf die ihnen eine ältere Gruppe nicht folgen kann und will. Ist das nun nur ein Generationsproblem – Jüngere ergreifen das Wort, und Ältere verstehen die Welt nicht mehr? Oder ist es nicht eher so, daß sich jetzt mehr und mehr zeigt, daß die altlinke Subkultur, um es sehr plakativ zu formulieren, wesentliche Aspekte des Wirklichen ausgeblendet hatte, die jetzt erneut aufbrechen?

P. S.: Wollte man es altväterlich ausdrücken, könnte man sagen, daß eine dekantierte alte Linke ihre Traumhöhlen verläßt und die Welt und das Leben wieder entdeckt.

C. O.: Was heißt dekantiert?

P. S.: Abgeklärt – das kommt aus der Sprache der Weinkenner. Wein, den man aus der Flasche in ein Gefäß zum Ablüften umgefüllt hat, heißt dekantiert, man macht es mit den großen Roten vor allem, *Bordeaux grand cru classé, Rioja Gran Reserva* und ähnliches. Eigentlich bedeutet das Wort ein Lied absingen, vielleicht auch entzaubern, abschwören, Gegenmusik machen. Wenn ich mir's überlege, ist ein Großteil meiner Arbeit ein Dekantieren. Ich bringe alte Höchstgewächse des Denkens in neue Gefäße, ich habe die Metaphysiker wiedergelesen und umgefüllt, ich lese Heidegger mit neuen Augen und lasse seine Verschrobenheiten ablüften – das sind alles Dekantierpraktiken. Was soll denn ein Theoretiker den ganzen Tag machen? Man ist eine Art Mundschenk in den Ideenströmen, ein Kellermeister, ein Gegensänger. Ich könnte dazu eine Menge sagen, Ideengeschichte ist Spirituosengeschichte, oder Kontrastmusikgeschichte, nicht? Auf jeden Fall behaupte ich, gerade alten Linken tut es gut, die Flasche zu wechseln, diese verschimmelten Etikette verraten längst nichts Gutes mehr. Man muß seine Flasche verlassen, wenn man Abklärung sucht, wie gesagt, die guten Roten brauchen das… Und im Gang einer solchen Abklärung tauchen Themen und Motive wieder auf, für die man ganz zu unrecht immer nur die politische und ideologische Rechte zuständig sein ließ.

C. O.: Welche Motive sind das deiner Meinung nach vor allem?

P. S.: Sämtliche Themen, die für sterbliche Wesen wichtig sind außer dem sozialen Netz. Themen, die man in Philosophenkreisen existentiell nennt: die Liebe und ihre Paradoxien, die Endlichkeit, das Entscheidenmüssen in der Enge der Zeit und Begrenztheit der Kenntnisse, die Unmöglichkeit, gut zu sein… der ganze tragische Horizont. Dazu kommt die Erfahrung, daß die Befriedigung ausweicht, die Entdeckung, daß Initiative der Nerv des Krieges ist, und daß schon zum schlichtesten Leben Unternehmertugenden gehören. Das alles sind Motive, die den einfachen Intellektuellen entnerven.

Aber es ist nun einmal nicht anders: die Intelligenz lebt nur in der Offenheit fürs Unbequeme. Und irgendwann wird die Frage, ob das »rechte« Themen sind, völlig belanglos, aberwitzig sogar. Ich will die Sache auf den Punkt bringen. Die Moderne ist keine Friedensära, sondern eine Epoche, die den Konflikt aller Konflikte ausfechten muß. Wir sind in einen unsichtbaren und unverstandenen Weltkrieg verstrickt, einen Tiefenweltkrieg um das Gewicht der Welt. Das ist der Krieg des Leichten gegen das Schwere. Bisher war dieser

Krieg identisch mit dem Streit zwischen Links und Rechts, denn die Linke oder das Linke meinte den Willen zur Erleichterung des Lebens und zur Aufhebung der unwürdigen Gewichte, die an uns hängen. Schwer ist unmenschlich, so etwa lautete das latente Axiom der Linken. Modern und links sein, das hieß zunächst nur soviel wie in einem Erleichterungsprojekt leben, und an den Errungenschaften des Leichtermachens von möglichst vielem teilnehmen. Aber zu dieser epochalen Aktion von Links gehörte immer schon eine Reaktion von Rechts. Die manifestierte sich laut und selbstbewußt seit dem späten 18. Jahrhundert. Die Rechte oder das Rechte hatte seine Substanz darin, daß man den neuen Leichtsinn ablehnte und an Grenzen der Erleichterung dachte. Rechts, das war bis gestern die Partei der Schwere, rechts glaubt man an das Unüberwindliche, an das Unumgängliche – übrigens eine Kategorie, aus der Heidegger einiges gemacht hat. Darum hatte die Rechte immer einen härteren, zäheren, auch dunkleren Wirklichkeitsbegriff. Die Welt ist schwer, und schwerer als der Tag gedacht... Das ist der Hymnus der Konservativen. In der Sache sind wirkliche Konservative nicht Privilegien-Konservative, auch nicht Werte-Konservative, sie sind Schwere-Konservative, wenn man dies einmal so höflich und hoch ansetzend formulieren will. Darum gibt es rechts einen Begriff des Opfers, links höchstens einen Begriff der Anstrengung, des Aufwands. Rechts kann man davon Kenntnis nehmen, daß Menschen hin und wieder nicht nur an etwas sterben, sondern für etwas. Links kann man sich nur darüber empören oder wegschauen – zumindest in einer Zeit wie der heutigen, wo Freiheitskämpfe lange zurückliegen und linke Martyrien eher wie eine Verlegenheit wahrgenommen werden. In diesem Begriff vom »Tod für...« zeigt sich etwas vom alten Gewicht der Welt – das ist übrigens eine Formel, die man bei den spanischen Habsburgern findet; sie gehört zur Selbstbeschreibung der Fürstenexistenz, der Kaiser ist dort der erste Weltträger nach Gott, die Macht selbst ist ein Sakrament der Schwere. Dergleichen muß in modernen liberalen Gehören schauerlich klingen, weil es den absoluten Mißton ins Stück der Neuzeit bringt, es erinnert nämlich an die Grenzen der Erleichterung. Nur in diesem Zusammenhang sind die Ideen der utopischen Linken noch einmal ganz ernst zu nehmen, weil sie exemplarisch und symptomatisch sind und weil sie nur die Spitze der allgemeinen Tendenz von Durchschnittsmodernismus ausgedrückt haben. Die utopischen Linken hegten den Traum, das Leben bis zur Schwerelosigkeit zu erleichtern, sie wollten die große Party, jetzt und für immer...

C. O.: Darum also: *Sous le pavé la plage*, unterm Pflaster liegt der Strand.

P. S.: Natürlich, weiße Strände, weißer Rum, Entkleidung bis auf den Flaum, erleichterter Verkehr mit allem, was Lendenschurze trägt. Ich denke übrigens, daß die neuen wirbeligen Vernetzungs-Heinis, die uns die Personalcomputer und die Datenautobahn andrehen wollen, jetzt nur eine Travestie von klassischen linksutopischen Motiven auf den Markt bringen: die Erleichterungsrevolution auf dem Monitor. Folglich wären so gut wie alle Tendenz-Schrittmacher heute nach links gerückt, leider macht sich nur kaum jemand noch klar, wie das Prinzip Links heute zu denken ist. Die Neue Linke, das ist das Unternehmertum auf der Suche nach einer Gesellschaft, die modern genug wäre für seine Produkte. Im Haupttrend der modernen Technologie drängen die Motive zum Leichtleben unaufhaltsam weiter voran, aber die Leichtigkeitsreklame kommt jetzt aus Stellungen, die man früher für bürgerlich und bewahrend hielt. Durch die ganze Wirtschaftswelt geht heute nur noch eine Botschaft: Wir müssen zum Wandel auf allen Gebieten bereit sein, und zwar schnell. Das ist die reinste Revolutions-Rhetorik, nun aber im Munde von Managern, Beratern, Designern. Der Tiefenweltkrieg zwischen Leicht und Schwer eskaliert dadurch in eine neue Phase, und dabei kehren sich an vielen Stellen die bekannten Fronten um. Die frühere Rechte macht auf leicht und wandelbar, und manche von den früheren Linken entdecken das Schwerefeld – das bringt das Drehmoment in den Gegenwartswirbel. Wer das nicht sieht, begreift vom aktuellen Drama in den Orientierungssystemen gar nichts.

C. O.: Als beschreibende Diagnose der Entwicklung scheint mir, was du sagst, sehr zutreffend. Aber in moralischer Perspektive ist die Entwicklung zur globalen ökonomischen Mobilmachung verwerflich. Ist es nicht eher so, daß heute unter dem Deckwort Innovation der zynischste Sozialdarwinismus aller Zeiten sich freie Bahn schafft?

P. S.: Ich wäre mit solchen Urteilen zurückhaltend, weil sie, wenn man sie näher überprüft, zu einem religiösen Sprachspiel gehören – zum Sprachspiel der Reinheit inmitten einer Welt voll Schmutz. Als die Politik das Schicksal war, hat man die Politik als das Schmutzzentrum wahrgenommen; jetzt, wo die Ökonomie das Schicksal ist, geht aller Schmutz von der Wirtschaft aus. Aber in einem wesentlichen Punkt gebe ich dir recht: Wir steuern moralisch auf eine Lage zu, in der die christliche und linke Utopie der Nachkriegszeit – die Utopie der nivellierten Gesellschaft – sich auflöst. Vor uns liegt ein Weltalter, in dem der Unterschied zwischen Siegern und Verlierern wieder mit antiker Härte und vorchristlicher Unbarmherzigkeit an den Tag tritt. Aber ich würde das nicht Sozialdarwinismus nennen, weil damit eine falsche naturgeschichtliche Kategorie ins Spiel kommt. Wir stehen hier auf dem Boden von moralischen und systemischen Tatsachen. Die beiden entscheidenden Fragen lauten: Wie moralisch können große Systeme sich geben? Wieviel moralischen Selbstwiderspruch verarbeiten moderne Konsum- und Menschenrechtsgesellschaften? Ich sehe hier eine Wiedergeburt des Tragischen aus dem Geist systemischer Paradoxien.

C. O.: Daraus würde folgen, daß die Politik ihren Primat endgültig verloren hat. Wenn ich dich recht verstehe, sagst du, daß Politik nicht mehr an den Kern des Wirklichen rührt. Sie hat sich offenbar den überlegenen Wirtschaftsgesetzen zu unterwerfen. Damit ist der Demokratie die Basis entzogen, weil Demokratie auf der Unterstellung beruht, daß die Politik unter die Kontrolle der Moral gebracht werden könnte.

P. S.: Unsere Demokratie beruht auch auf einer zweiten Unterstellung, die für ihre Teilnehmer noch wichtiger ist als die von dir genannte. Die demokratische Form war bei den meisten nur in dem Maß begehrt, wie sie die besten politischen Rahmenbedingungen für das Fundamentalprojekt Lebenserleichterung garantierte. *Laissez faire* – man braucht einfach Demokratie, wenn man sich gehen lassen will. Sollte Demokratie selber etwas Schweres werden – sollte sie sich als eine Sache mit Lastcharakter eigener Art herausstellen, dann läßt die politische Libido schlagartig nach, und es zeigt sich oft, daß man es mit dem Ideal von Herrschaft durch freie Diskussion nicht so prinzipiell gemeint hatte. Es waren immer nur Patrizier und intellektuelle Minderheiten, die eine Demokratie um der Demokratie willen forderten, intellektuelle Großbürger, die nach ebenbürtigem Umgang verlangen. Ich denke in diesem Kontext immer zuerst an Hannah Arendt, die eine von den seltenen nobeldemokratischen Gestalten war, eine antike Athenerin *honoris causa*, oder an Habermas, der für mich, trotz manchem, was uns trennt, immer ein unentbehrlicher Charakter geblieben ist, eine Art Verfassungsrichter in der Demokratie der Argumente. Ich könnte dir ein kleine Adelsliste mit den wenigen prinzipiellen Demokraten in der Bundesrepublik vorlegen. Für die nicht ganz so vornehmen Geister ist auch die Demokratie nur ein Mittel. Sie interessieren sich mehr für Erleichterungen als für radikaldemokratische Lebens- und Sprachformen als solche. – Genau an dieser Stelle übrigens kommt wieder die Religionsfrage ins Spiel, weil Erleichterung das moderne Äquivalent für das ist, was in den klassischen Religionen wie dem Christentum die Befreiung, die Erlösung hieß. Der Erleichterer löst den Retter ab, das ist die Quintessenz der modernen Zeiten.

C. O.: Und zeigt sich darin nicht auch der Urfehler der Moderne?

P. S.: Der Fehler? – Ja, vielleicht. Es ist natürlich ein Fehler, wenn eine Kultur die Befreiungsfrage überspielt, es ist ein Fehler, wenn Menschen sich leichter geben, als Menschen sein können. Aber ein Fehler wäre es auch, die Tragödie vom Zaun zu brechen, nur damit wieder alles würdevoll hart wird, und damit wir uns wieder mit dem ontologischen Adel des Schweren schmücken dürfen. Ich kann mir nicht helfen, mir kommt das einfachste Leben schwer genug vor, obwohl ich ein Leichtsinnsvogel bin, wenn man der Presse glauben darf. Man kann hier keine Grundsatzentscheidung erzwingen! Der Weltkrieg zwischen Spaß und Schwerkraft geht durch jede einzelne Existenz hindurch, in uns selbst ist die Front, wo sonst. Wir sind das Schlachtfeld, beide Kräfte wirken auf uns ein, und beide endogen. Du hast ein paar Divisionen Leichtmacher in dir, und ein paar Abteilungen Schwerebedenker, und du kannst dich unmöglich primitiv auf die eine oder die andere Seite schlagen. Ich behaupte, diese Unentscheidbarkeit ist es, die durch die von dir immer wieder angesprochenen Autoren der mittleren Generation heute so beharrlich ausgearbeitet wird. Wir sind dabei, wieder eine tiefere Kulturidee zu formulieren nach all dem Firlefanz, einen Begriff von Zivilisation als selbsterlittenem Kompromiß zwischen Leicht und Schwer. Darin steckt ein neuer Formbegriff, Leichtigkeit aus Schwere, doch wenn man es so formuliert, ist es wiederum so neu doch nicht; Nietzsche ist uns hierin vorausgegangen, und vor ihm gab es die französischen Moralisten und andere Denker mit einer anspruchsvollen Formidee. Aber das verlangt schon mehr, als viele alte Linksliberale aushalten. Die begreifen oft nicht, woran sie mit sich selber sind, sie kennen sich zu wenig, sie machen sich nicht klar, daß sie sich benehmen wie kleine steife Leutnants auf den Erleichterungshügeln. Sobald man an den tragischen Raum rührt, schreien sie los und meinen, sie haben den Feind gesichtet – dann sehen produktiv experimentierende Autoren wie Strauß und andere aus wie Fünfsternegeneräle der neuen Düsterkeit.

C. O.: Der Kompromiß zwischen Leichtigkeit und Schwere, wie soll man sich ihn vorstellen?

P. S.: Soviel Erleichterung wie möglich, soviel tragisches Bewußtsein wie nötig. Die Grundlage für diese Formel ist nicht geheimnisvoll: Wie gesagt, sind moderne Menschen Leute, die mit sich selber und ihren Lebensformen experimentieren. Wer das tut, findet in der Regel heraus, daß wir für die Heiligkeit ungeeignet sind. Also, was tun? Wir mustern uns aus der Schar der Heiligen aus, untaugliche Kandidaten, die wir sind. Ersatzreserve zwei, nicht verwendungsfähig, selbst im allerletzten Aufgebot kaum. Manche Autoren gehen bei ihrer Ausmusterung nach meinem Eindruck nicht weit genug,

Strauß und Handke etwa sind gefährdet, eines Tages doch als Heilige eingezogen zu werden. Sie dachten zeitweilig laut darüber nach, sich freiwillig zu melden – das könnte irgendwann gegen sie verwendet werden. Im Verhältnis zum Heiligen müssen die Modernen sich diskret benehmen, es genügt, die Tür einen winzigen Spalt offen zu lassen. ... ein Spalt, das ist gut und richtig, soviel entspricht der geistigen Situation der Zeit. Ein Spalt Transzendenz, mehr ist nicht möglich. Schon die Tür halb öffnen, so wie diese Autoren es manchmal hielten, wäre zuviel, da entstehen Zwielichter, Geistersprachen, magische Zugluft, auch kommen falsche Töne leicht auf, man ist gefährdet, pastoraler zu reden, als es einem Schriftsteller zukommt. Die erwähnten Herren wissen schon, was ich meine, sie haben sich manchmal wie autogene Apostel benommen... Doch auch wenn sie dieses Risiko wählen, so ist das Teil des Autorenrechts, es stellt ihre Integrität nicht *per se* in Frage. Es kommt darauf an zu begreifen, daß heute auch der Unterschied zwischen einem Autor und einem Priester nur im Experiment herausgearbeitet werden kann.

C. O.: Du glaubst also nicht, daß solche Autoren selber neue Heilige und neue Herren werden wollen? Daß sie selber Offenbarungen aus erster Instanz und folglich Befehlsgewalt für sich beanspruchen?

P. S.: Die Frage ist sehr gut, sie führt übrigens an den Anfang unseres Gesprächs zurück. Moderne Intelligenzen entwikkeln sich in experimentellen Prozessen, soviel ist klar. In diesen Experimenten gibt es eine Zone höchster Gefahr. Wir geraten, wenn wir sehr weit gehen, irgendwann an die Klippe, wo sich alles entscheidet, an das Riff, das Risiko. Ich spitze jetzt die Frage zu, mit der wir zu uns kommen: Können wir mit uns Versuche machen, durch die wir das Heilige direkt und mit Autorität aus uns selber herausexperimentieren? Können wir beim Schreiben, beim Denken, beim Komponieren Heilige werden, Heilige und Märtyrer von Wahrheiten eigenen Rechts? Ich bin sicher, wir können es nicht. Gut, es gibt die Drogenerfahrung mit farbigen Durchbrüchen in exzentrische Räume, es gibt erotische und ästhetische Ekstasen, es gibt überwältigende Evidenzen von Vollmacht und Rechthaben in der ästhetischen Äußerung, aber solche Episoden bringen es nicht zu Autorität. Autoren müssen aber auf der Suche nach Autorität sein, wenn sie ihren Aussagen Geltung geben wollen – jeder Satz ist ein Funke von einem Willen zur Macht. Der Weg dazu führt für uns über die Form, über den Buchstaben, nicht über gestikulierende Hinweise auf Entrükkungen oder Erfahrungen im Hinterland. Der Autor hat immer nur die Wörter, jede Seite ist seine letzte Chance. Mit Sätzen kann er, wenn er kann, sich in die grauen Ekstasen der normalen Gegenwart versenken, das ist sein einziges authentisches Experiment, und Autorität hat er nur für die Epiphanien der Gewöhnlichkeit. Er produziert Wort-für-Wort-Offenbarungen, die Leser haben sie vor der Nase. Der Alltag selber ist der Abgrund, die Sprache sein Behälter. Und wenn Normalität der Ausnahmezustand ist, so geben Dichtersätze ihm Verfassung. Der Würfel fällt, wenn unsere Autoren sich daran machen, solche für das unsichtbare Gewöhnliche verfassunggebenden Sätze hinzuschreiben. Da sehen wir, was sie können, und die, von denen wir reden, können nicht wenig. Auf ihren besten Seiten sind Strauß und Handke Meister der grauen Ekstase, nicht mehr, nicht weniger. Wer noch größere Kunst will, wird wissen, an wen er sich halten muß.

XV

C. O.: Peter, du bist inzwischen Professor für Philosophie und Ästhetik an einer ganz jungen, trotzdem fast schon sagenumwobenen Institution geworden, der Karlsruher Hochschule für Gestaltung. Ich habe kürzlich ein Interview gesehen, in dem der Rektor der Hochschule, Heinrich Klotz, diese Neugründung als das Bauhaus des elektronischen Zeitalters anpries. Er sprach über eine Kunsthochschule der zweiten Moderne und der Medienkünste. Was das sein soll, konnte ich nur erraten, ich gebe es zu. Ich stelle mir aber vor, daß diese Hochschule ein anregender Ort ist, an dem viel Neues zusammenkommt, und daß du dort eine privilegierte Aussichtsposition hast, um die neuesten ästhetischen und technischen Trends und die Avantgarde-Theorien von heute zu beobachten. Ich sage das, weil ich dich jetzt noch in deiner Eigenschaft als Medien-Beobachter etwas fragen will...

P. S.: Du hast recht, wir sind in Karlsruhe vergleichsweise begünstigt, es ist die akademische Insel der Seligen in der Bundesrepublik, Gott sei Dank noch so gut wie unentdeckt. Die Studenten stark sortiert, übersichtlicher Lehrkörper, wenig Beamtenideologie, rotierende Professuren, offene Programme, auf dem Prospekt klingt es einmalig. Aber ich will nicht übertreiben, wir haben auch dort ernste Probleme; schon nach wenigen Jahren habe ich Grund, mich über einiges zu wundern.

C. O.: Willst du dazu etwas sagen?

P. S.: Nicht gern, denn das sind interne Dinge. Nur eines möchte ich andeuten, weil es von öffentlichem Interesse ist: es ist unverständlich, wieso unser Dienstherr, das Land Baden-Württemberg, die eigentliche Karlsruher Chance nicht energischer ergreift. Mit einem sehr kleinen Aufwand könnte man an dieser Hochschule die deutsche und europäische Avantgarde der Medien- und Kulturphilosophie verankern, und mit bloß zwei, drei zusätzlichen Stellen in meinem Bereich ließe sich hier das glanzvollste kulturphilosophische Kraftfeld in Deutschland schaffen. Aber was geschieht? Statt uns freie Hand zu geben für den Aufbau einer leuchtkräftigen Theorieabteilung, läßt man mich als heiliges Monstrum der Gegenwartsphilosophie praktisch alleine hängen – ohne die Mitstreiter und Mitdenker, durch die das Karlsruher Experiment erst auf die Höhe des Möglichen käme. Das muß sich ändern, sonst bin ich gezwungen, Karlsruhe früher oder später zu verlassen. Im übrigen haben die ersten vier Jahre an der neuen Hochschule gezeigt, wie schwierig es ist, Künstler auf ein gemeinsames Projekt einzuschwören. Es hat den Anschein, als seien gerade Medienkünstler noch eigensinniger und einsamer als der Rest der Zunft.

C. O.: Vielleicht hat das indirekt auch etwas mit dem Thema zu tun, das ich zuletzt noch anschneiden möchte. Die meisten Intellektuellen und Künstler hegen ja gegenüber den Medien heftige Vorurteile. Sie möchten am liebsten in einer Welt leben, in der es die neuen Medien noch nicht gibt; zugleich wollen sie so erfolgreich sein, wie man es nur in einer Medienwelt sein kann. Martin Walser – ein Autor, der selber fortwährend in den Massenmedien seine Meinungen verkündet – wird nicht müde, seine These zu wiederholen, daß in den Medien nur Meinungen über Meinungen wiedergegeben werden. Auch unter den akademischen Philosophen herscht überwiegend ein elitäres

Gehabe, und die intellektuelle Schickeria, um es polemisch zu sagen, folgt ihnen hierin Punkt für Punkt. Als verächtlich gilt, wer anspruchsvollen Gedanken Popularität gönnt. Verachtung ist auch der Grundton von Botho Strauß' Kommentaren zur medialen Welt. Seine Kritik hat massiv heideggerisierende Untertöne; er stößt sich ab von dem Gerede der Vielen und predigt den Aufstand gegen die sekundäre Welt, die medienvermittelten bodenlosen Gerede-Kreise. Du hast vor einiger Zeit der Zeitschrift »Stern« ein großes Interview gegeben, in dem du sagst, in der atomisierten westlichen Welt sei ohne Massenmedien keine soziale Kohärenz, also die Gesellschaft selbst nicht denkbar. Nach einem einzigen Monat ohne Massenmedien würden sich große moderne Nationen in Stammesgesellschaften, in winzige Clan-Häufchen und Dorfökonomien auflösen. Du sagst auch, in den Medien, vor allem den Funkmedien, hören sich die vereinzelten Menschen in Nationalstaaten auf minimale Gemeinsamkeiten ein. Mir scheint, ich höre in diesen deinen Thesen eine viel positivere Theorie der Medien oder des Medialen heraus als bei all denen, die immer nur auf die Medien einschlagen. Und am Anfang unseres Gesprächs hat sich ja schon gezeigt, daß du weit entfernt bist von Virilios Klage über die massenmediale Apokalypse...

P. S.: Es ist wahr, die Medien sind heute Gegenstand eines Kulturkampfes geworden. Wenn man sich klarmacht, welche Medienparteien sich heute gegenüberstehen, versteht man auch, warum dieser Kampf unvermeidlich ist. Es gibt heute, sehr grob gesprochen, einen Defensivkrieg der Schreiber gegen die Funker, aus dem einfachen Grund, weil heute mediale Macht zunehmend von Schriftmedien auf Funkmedien verschoben wird. Den Schreibern geht dieser Vorgang unter die Haut, und man begreift wieso. Seit dreitausend Jahren war die schreibende Kaste mit dem Machtfokus intim verbunden.

Man kennt die Formel von Thron und Altar als typische Machtbrücke in der alten Welt, man könnte genausogut auf das Bündnis zwischen Thron und Kanzlei hinweisen; Schreiber sind Leute, die aus guten historischen Gründen von sich und ihrem Amt viel halten. Aus Mitgliedern der schreibenden Kaste wurden in der modernen Welt die Schriftsteller, sie sind die Schreiber der Nationalstaaten, also der modernen Völker, und folglich sind sie vor allem die Stimmen der Nationen. In dieser Funktion strahlt etwas nach vom alten Kanzlisten- und Priesteramt, denn an den schreibenden Nationalunterhaltern, den Dichtern, den Schriftstellern bleibt bis in die Gegenwart etwas haften von der magischen Aura früher Schreibkünste. Die Autoren, die heute noch am tiefsten in der kunstmagischen Tradition stehen, schreiben zwar ausdrücklich für die einzelnen, und nicht für ein Volk oder eine Masse. Aber diese erlesenen einzelnen bilden ihrerseits ein subtiles Volk, eine heilige Lese-Nation. Man muß in diesem Zusammenhang daran erinnern, mit welcher Ehrerbietung in Frankreich oder in Rußland noch bis vor kurzem Menschen behandelt wurden, von denen das Gerücht sagte, sie schrieben Bücher und man lese sie in der großen Welt. Im 19. Jahrhundert und in der ersten Hälfte des zwanzigsten erreichte das Prestige der Schriftsteller seinen historischen Gipfel, der Nobelpreis ist noch ein Relikt dieser Überhöhungs-Ära. Nun muß man sich klarmachen, daß in einem bloßen halben Jahrhundert die neuen Funk-Medien die medialen Machtverhältnisse im modernen Nationalstaat und darüber hinaus auf den Kopf gestellt haben. Da hat sich ein völlig unglaublicher Umschwung vollzogen, den wir alle noch nicht fassen können. Radio- und Fernseh-Macher haben sich in der Rolle der Nationalunterhalter und Nationalkommunikatoren in einem Medien-Staatsstreich an die erste Stelle gesetzt, und zwar mit weitem Abstand. Was ist Walser neben einer Tagesschausprecherin?

Was ist Handke neben Thomas Gottschalk? Zwei Beinahe-Nichtse, die den altertümlichen Tic kultivieren, schöne Sätze zu machen, Sätze, die keine Tagesschausprecherin und kein Gottschalk in den Mund nähmen. Über Nacht sind die Tele-Animateure an die Macht gekommen.

Aus diesen Andeutungen folgt, daß die Beziehungen zwischen Schreibern und Funkern im Zeitalter der Medienkoexistenz gespannt sein werden, und zwar – wie es dem Gefälle zwischen dem Kränkenden und dem Gekränkten entspricht – mit einem typischen Mehr an Spannung auf der Schreiberseite. Schreiber schimpfen eher auf Funker als Funker auf Schreiber. Am meisten schimpfen die Schreiber, deren Schriften man nicht einmal in Adaptionen verfunken könnte. Einen besonders hohen Grad an Wut beobachtet man bei Essayisten und Kunstbuchautoren; übertroffen werden sie nur noch von gewissen Philosophieprofessoren mit ihrem giftigen Nachwuchs. Man versteht sie gut, denn was sie von sich geben, stellt das Äußerste an Unfunkbarkeit dar. Darum sind die akademischen Intellektuellen von heute, vor allem die ohne Fortüne im Bereich der Fakultäten, die Epochenverlierer. Bei ihnen sind die Gift-Konzentrationen am höchsten, denn sie sind Dreifachverlierer; erstens oft glücklos in der Fachkonkurrenz, zweitens Teilnehmer an der Niederlage der akademischen Schreiber gegen die literarischen Schreiber, drittens Mitfrustrierte bei der allgemeinen Medienmachtverschiebung von den Schreibern zu den Funkern.

C. O.: Daraus ließe sich eine Theorie der Medienarbeitsteilung entwickeln, und darüber hinaus ergibt das ein Psychogramm der Ressentiment-Bewegungen im öffentlichen Feld. Du selber bist ja eine öffentliche Figur, an der sich diese Dynamiken ziemlich bemerkbar machen. An deiner Person scheiden sich nach wie vor die Geister.

P. S.: Ich kenne meine Vergehen, mein Verleger schickt mir alle sechs Monate die Verkaufszahlen meiner Bücher zu.

C. O.: Ist es nicht eher so, daß am Widerstreit der Meinungen über deine Person und deine Bücher die Kluft zwischen Schulphilosophie und freier Philosophie sichtbar wird?

P. S.: Sicher, das Aufklaffen dieses Grabens ist eine Episode in der oben angedeuteten Mediengeschichte. Im 19. Jahrhundert standen unter den Schreibern die Professoren noch ganz oben. Ein deutscher Philosophieprofessor, das kam doch gleich nach dem Kaiser, oder, weil es damals keine Kaiser gab, dem Landesfürsten. Hegel in Berlin, Schelling in München, Schlegel in Wien, das waren Avatare, inkarnierte Theoriegötter neben den lokalen Monarchen. Noch Schopenhauer, bei dem sich ankündigt, wie die Literatur die Philosophensprache zum Tanzen bringen wird, zog den kürzeren gegen die amusische Professorenwelt von Berlin. Aber dann kam das Ereignis Nietzsche, mit ungeheuren Sprengwirkungen für die Ökologie des Geistes. Das war, als ob ein Goethe und ein Kant in derselben Person zusammengepreßt würden, und in dieser Fusion hat die deutsche Sprache ihren geschichtlichen Höchststand erreicht. Nun waren es die Professoren, die nervös wurden und merkten, wie ihnen die Felle davonschwammen. Und sie hatten recht, sich zu beunruhigen, denn die Tendenz blieb unumkehrbar. Was ist denn das 20. Jahrhundert medial gesehen anderes als die Geschichte der unaufhaltsamen Deklassierung der Akademieschreiber durch die Literaturschreiber? Wenn es jemanden gibt, an dem sich die Professorengeister scheiden, dann ist es Nietzsche. Ich erinnere mich an ein Kommissionsgespräch in Zürich vor zehn Jahre etwa, als es darum ging, daß ich dort eine von Studenten mitvotierte Gastprofessur für ein Semester bekommen sollte.

Da hat Hermann Lübbe dagegen Einspruch erhoben mit dem völlig klassischen Argument, der Sloterdijk ist ja nur Schreiberling, genauso wie dieser Nietzsche, der auch ein bloßer Schreiberling war, solche Leute wollen wir nicht. Dieses Votum macht die Fronten so sichtbar, wie man sich's nur wünschen kann. Übrigens wäre hier jede Pauschalierung verhängnisvoll, denn es gab auf der Professorenseite in diesem Jahrhundert, wie im früheren, sehr bedeutende Gestalten, völlig integre Geister und Größen eigenen Rechts; und es gibt sie noch, man erkennt sie nicht zuletzt daran, daß sie frei sind vom Ressentiment – und Lübbe, der auch eine souveräne Seite hat, konnte sich schließlich abfinden mit dem, was ich damals gegen sein Votum in Zürich gemacht habe.

C. O.: Die Tatsache, daß du gelegentlich im Fernsehen auftauchst, macht die Sache aus der Perspektive einer gewissen akademischen Kritik wohl auch nicht besser. Du hast einmal in einem Interview gesagt, wenn du im Fernsehen redest, dann nicht so sehr, weil du glaubst, daß unmittelbar verstanden wird, wovon du sprichst, als vielmehr, um eine bestimmte Frequenz, einen geistigen Kanal anzudeuten, auf dem Sendungen möglich wären, wenn es die Mittel dazu gäbe.

P. S.: Das stimmt, der Satz spiegelt ein wenig unscharf meine Auffassung vom intellektuellen Gebrauch der Medien wider, doch in der Tendenz unterschreibe ich ihn auch jetzt noch.

C. O.: Und wenn du ihn schärfer machen würdest?

P. S.: Dann müßte ich ein wenig ausholen. Schreiber arbeiten allesamt mit Wirkungen in die Ferne. Wenn du deiner Freundin einen Brief nach Spanien schickst... Carlos, es ist nur ein hypothetisches Beispiel, du telefonierst lieber, denke ich...

C. O.: Nicht nach Spanien, Ortsgespräche...

P. S.: Carlos, ich brauche einen Spanienbrief für das Argument, tu mir den Gefallen. Erlaube mir bitte anzunehmen: Du schreibst an *sie*, weil du willst und glaubst, daß der Brief wirkt. Keine Zeile würdest du zu Papier bringen, wenn du nicht überzeugt wärst, daß du eine telepathische Chance hast und daß die Dame in einer Entfernung von zweitausend Kilometern unter deinen Worten schmilzt. Auch der Imperator Caesar Augustus in Rom hätte kein Dekret aus seiner Kanzlei in die fernen Provinzen schicken lassen können, wenn nicht ein Schriftsystem und ein Transportwesen existiert hätten, die zu der Erwartung berechtigten, daß seine Entscheidung sinnkonstant in Nordafrika oder in Judäa ankommt, und nicht nur das, sie mußte auch autoritäts-konstant ankommen, also mit imperativer Gewalt am fremden Ort. Kurze Rede, langer Sinn: Schrift ist ein Telepathiesystem. Sie macht Affektzeichen und Machtworte fernwirksam. Sie ruft Leiden hervor an einer Stelle, wo der Sprecher-Schreiber selbst gar nicht ist, eben Telepathie, Anwesenheit des Abwesenden in hochgeladenen Zeichen. Da fangen die metaphysischen Antennen zu schwirren an, nicht? Schrift ist die wunderbarste Entdeckung der Menschheitsgeschichte – die am meisten unbegriffene auch, und die gefährlichste zugleich. Erst vor kurzem ist etwas noch Gefährlicheres hinzugekommen: die radiotelepathischen Effekte – aber das wird jetzt ein Medien-Seminar, wir sollten aufhören, es wird wirklich zuviel.

C. O.: Vielleicht führst du wenigstens diesen einen Punkt noch bis zu Ende aus, dann haben wir's geschafft.

P. S.: Wir ruinieren uns, das meiste von dem, was wir hier reden, wandert doch in den Müll... Jedenfalls, im Feld dieser

Fern-Schriften muß man zwei Formen oder Komplexe unterscheiden – die telepathischen Wirkungen im engeren Sinn, also diesen mysteriösen Fluß eines Machtquantums von hier an den fernen Punkt, wo's wirkt, und die informatische Übermittlung, den Zeichentransport. Ich nenne das erste das Telepathische, das zweite das Telematische. In der aktuellen Diskussion hört man so gut wie ausschließlich Kommentare zum telematischen Komplex. Es gibt unentwegt Seminare über die Informationsflut, die Bildersprache, die Schriftsysteme, das Graphik-Design, den Daten-Dandy, die Digital-Analog-Differenz, die Zahl der Kanäle, das neue 100-Hertz-System, das Recht auf Gegendarstellung – all dieses typische Medien-Gerede. Nur in einer einzigen Frage, nämlich ob Gewaltdarstellung in den Medien infektiös ist, bricht ein Hauch von der Telepathie-Debatte durch, die ansonsten inexistent ist. Es ist sehr symptomatisch, daß man heute über Gewaltbilder reden muß, wenn man sich dem Rätsel der eigentlichen Telekommunikation, also der Telepathie nähern will. Die Gewalt-in-den-Medien-Debatte ist nur das Symptom eines ungeheuren Mangels an Einsicht in allem übrigen, und dieser Mangel kann fatal werden. Denn ohne eine ausführliche Telepathie-Analyse verstehen wir buchstäblich nichts von den Geisterkriegen, die heute im Äther toben. Schon was die traditionellen Hochkulturen waren, kann man ohne Begriffe von Telepathie und Telepathologie unmöglich begreifen; was ist da erst von unserer post-hochkulturellen Weltform zu denken? Gefährliche Lücken...

C.O.: Mir scheint, auch in der Pornographie-Frage gibt es einen Ansatz zu dem, was du Telepathie-Debatte nennst. In diesem zeitdiagnostischen Versuch war es mir sehr wichtig, daß wir noch die Medienfrage erreichten. Sie enthält, wie es scheint, die Schlüssel zu den postmodernen Verwirrungen.

P. S.: »Verwirrung« ist offenbar das Schlüsselwort. Das Wort »postmodern« ist hingegen harmlos, es signalisiert lediglich die intellektuelle Entwarnung: Achtung, hier beginnt die analysefreie Zone, Eintretende werden ersucht, am Eingang Schuhe, Bedenken und das Bedürfnis zu verstehen abzulegen. Das hat etwas mit postanalytischer Atmosphäre zu tun. Wir leben in einem Mischklima aus intellektueller Resignation und offensiver Medienclownerie: Mischwetter, das zum großen Teil von frustrierten Schreibern gemacht wird, die grollen, mit der Machtergreifung der Funker über die Kultur fange das Zeitalter der vollendeten Sündhaftigkeit an – eine These, die übrigens schon um 1800 von Johann Gottlieb Fichte gegen die Literaten seiner Zeit geprobt wurde; die anderen Mischwettermacher sind Medienfreaks, die glauben, Blödeln vor der Kamera sei das halbe Leben. Aber es geht um etwas sehr Prekäres, nämlich darum, daß wir mit unserem Verständnis für die schriftlichen Telepathien ganz am Anfang stehen, während uns die elektronischen Telepathien schon überschwemmen.

C. O.: Und wir wehren diese Überschwemmung dadurch ab, daß wir auf die neuen Medien schimpfen.

P. S.: Es wäre vielleicht produktiver, sich der Überschwemmung hinzugeben und sie schamlos zu genießen: Komm, zeig es mir, gib's mir, ich geh' ganz mit... Fernsehen ist das Höchste... mehr, mehr, ich komme. Na ja, was zeigt sich dann? Jeder weiß es, wir bleiben auf unserer Hingabe sitzen, wir langweilen uns immer mehr, wir zappen herum, da 'ne halbe Stunde, da ein paar Minuten – das neue Medium bringt es nicht. Darin steckt die Information aller Informationen. Der mediale Ofen ist aus, darum geht es. Wenn das Fernsehen unser bester Freund ist, dann insofern, als es uns letztlich kalt läßt. Ja wirklich, es läßt uns in Ruhe, wenn wir wollen. Es hat nur Programme, aber keine Sendung, keine Mission, keinen Bildungsauftrag, und das ist etwas unglaublich Befreiendes. Deswegen mußten unsere befreienden Medien endlich Apparate werden, Apparate sind selbstlos, bei Erlösern weiß man das nicht so genau. Bei Apparaten darf man annehmen, daß sie tot sind, wenn sie aus sind, weil sie nie gelebt haben. Bei Menschen, auch sogenannten Gottmenschen, die als Befreier auftraten, kann man da nicht so sicher sein, sie spuken und greifen über das Grab hinaus nach den Seelen – im Fall des Christentums geht das schon fast 2000 Jahre lang so. Individuen wollen doch letztlich ihre Ruhe, nicht? Sie wollen auch Erregung, darauf komme ich gleich noch, aber sie wollen immer wieder und vor allem auch ihre Ruhe; die können sie jetzt haben, ein für alle Mal. Fernsehen informiert uns darüber, daß alles im Grunde nur Bilder sind. Im Fernsehen vollendet sich die Erlösungsgeschichte der Menschheit. Es ist ein Erlöser, der das Publikum angähnt: Is' was los? Nix is' los, alles paletti. Aus dem Religionsunterricht sollten wir soviel ja noch wissen: Mittler sind Erlöser. Nun haben wir gelernt, allen Erlösern zu mißtrauen: man muß in ihnen doch den bloßen Menschen sehen, der seine eigene Suppe kocht, auch wenn er was für andere tut. Dieser hier, der Fernseher, ist der erste, der uns wirklich freiläßt. Er spukt nicht, er ist zuverlässig tot, bei ihm droht keine Auferstehung, die Fernsehgebühren, ja gut, aber selbst die kann man schuldig bleiben, ohne daß das Bild wegbleibt. Was ist der Unterschied zwischen einem Fernseher, der an ist, und einem Fernseher, der aus ist? Denk gut nach! Ich meine, es ist eben kein Unterschied, es ist nur ein Rhythmus, Tam-Tam, Ton-Pause, An-Aus, das ist die Welt, wie wir sie kennen. Hinschauen-Nichthinschauen, Ereignisse–Nicht-Ereignisse, Bilder–Nicht-Bilder, verstehst du? Wir müssen nicht erst langatmig und gebildet zum

Buddhismus konvertieren – das Fernsehen hat uns alle zu Buddhisten gemacht, wir sind längst allesamt unfreiwillige Meditierer. Samsara und Nirvana, das hast du ununterbrochen auf dem Bildschirm. Fernsehen ist die letzte Meditationstechnik der Menschheit im Zeitalter nach den regionalen Hochreligionen.

C. O.: Eine Medientheorie, die man nicht jeden Tag zu hören bekommt...

P. S.: Jetzt will ich mir noch selber eine letzte Frage vorgeben und sie gleich beantworten: Wenn das alles so positive Seiten hat – warum sind unsere Schriftsteller und Edelessayisten so erbost gegen die allgegenwärtige Buddha-Maschine, die uns in die letzte Indifferenz befreit hat? Was hat dieses Medium den Autoren angetan, die jetzt nichts anderes als hochmütige...

C. O.: Peter, entschuldige, ich erinnere mich hier an eine Bemerkung von Hans Magnus Enzensberger, der einmal sagte, das Fernsehen sei das Null-Medium, also ein Medium, das letztlich nichts sagt, außer daß es an ist, wenn es an ist. Diese Funktion scheint in der modernen Welt unentbehrlich zu sein, wahrscheinlich, weil sie so etwas wie eine allgemeine Plattform schafft. Etwas Ähnliches ließe sich für die Popularmusik sagen, die völlig eigenschaftslos geworden ist und doch oder eben deswegen integrierend wirkt. Diese Null-Medium-Funktion ist für die traditionellen Intellektuellen und Schriftsteller unbefriedigend, sie finden sich in einem solchen Medienbegriff nicht wieder. Ihr Anspruch bleibt es doch, Nicht-Beliebigkeit zu erzeugen. Sie suchen die direkte Kommunion mit dem Leser, sie streben nach einer Vereinigung, die nicht gleichgültig bleibt.

P. S.: Vereinigung im Nicht-Gleichgültigen aus der Ferne, das ist es, was ich das Telepathische nenne. Die intensiven Autoren von heute sind nach wie vor an einer pathischen Wirkung in die Ferne interessiert, wie du, wenn du an die Dame in Spanien Zeichen schicken wolltest, die ihre Endokrinologie in Bewegung setzen. Der pathische oder telepathische Autor erträgt die Apathisierung nicht, die von dem Null-Medium ausgeht. Das Außerordentliche am Fernsehen ist ja, daß bei ihm die Telepathie in Tele-Apathie übergeht. Und insofern ist Fernsehen eine Todesform, ein technischer Weg ins Jenseits von Diesem und Jenem. Tatsächlich hat so ein Jenseits von allem etwas überwältigend Erstrebenswertes, nicht umsonst haben die größten Geister der alten Welt nach ihm gesucht: Abraham und Buddha und Dionysos Areopagita, sie haben alle den Punkt angepeilt, der nicht überboten werden kann, weil er die Überbietung selbst ist. Diese Überbietung ist an sich nichtsförmig, nicht dies, nicht das, nicht beides. Es scheint nun, das Fernsehen plaudert solche Geheimnisse auf eine schamlose und nicht ungefährliche Weise aus. Das ist so, als würde man vor den Kindern darüber reden, daß alles letztlich nichts ist – sie würden darin nicht die Erleuchtung sehen, sondern eine unerträgliche Enttäuschung, und ihre Wut würde keine Grenzen kennen. Ist es nicht eben das, was wir heute überall erleben? Maßlose Entwertungswut nach zuviel Bildern, die sich gegenseitig annullieren?

C. O.: Ich muß daran denken: Bei Leibniz findet sich die Frage: Warum ist überhaupt etwas und nicht nichts? Heidegger hat darüber tiefe Kommentare verfaßt. Mir scheint, wenn ich deinen Gedanken folge, als müßten wir heute mit Blick auf die elektronischen Massenmedien und unser Unbehagen an ihnen fragen: Warum wollen wir eher etwas sagen als nichts? Mir kommt das so vor, als ob es in unserer Kultur immer einen Überhang von Sein über Nichts gibt. Das scheint ein Teil der abendländischen Passion zu sein. Das Etwas-Sagen-Wollen übertrifft das Nichts-Sagen – warum ist das so?

P. S.: Mein Gott, Carlos, und ich dachte schon, wir seien am Ende. Du hast recht, Schriftmenschen, Schriftsteller, Schriftdenker können sich nicht mit dem Nichts-Sagen abfinden, auch wenn sie den Rand des Unsagbaren erreichen. Wir wollen, daß das Schreiben weitergeht, und weitergehen können nur Prozesse, die eine Neigungsmasse haben, sich fortzusetzen und weiterzuverwirklichen. Dazu braucht es eine Pathos-Masse, eine telepathiefähige und telepathiefordernde Tendenz. Das ist das Gesetz des Positiven. Man könnte auch sagen, es ist das Erregungsgesetz, der Wille zur Welt als Ereignis. Wir wehren uns gegen die Auflösung in die Indifferenz, solange wir am Leben hängen. Die große Nacht der Indifferenz ist für uns zu dunkel, man erwacht aus ihr so schlecht. Ich habe in meinen letzten Büchern, vor allem in »Weltfremdheit«, versucht zu zeigen, warum die Konzeption Große Nacht, die Konzeption Befreiung in Große Indifferenz und auch die Konzeption Großes Nicht-Wollen für uns im Grunde überflüssig sind. Wir brauchen, sobald man genau genug hinsieht, diese mächtigsten Religionsmotive nicht wirklich. Es gibt immer schon genug an kleiner Nacht, genug an kleiner Indifferenz, genug an kleinen Willenspausen. Wenn das verstanden wäre, wozu brauchte es dann noch Erlösung mit Posaune und Prinzip? Transzendenz ist eine rhythmische Größe, keine metaphysische. Man ist ja immer schon genug woanders – wer ist denn schon wirklich da? Und wann? Vor kurzem habe ich in den Hypnos-Aufzeichnungen von René Char einen Satz gefunden, der mir im Kopf herumgeht:

Wenn der Mensch nicht von Zeit zu Zeit souverän die Augen schlösse, hätte er bald nichts mehr, was betrachtet zu werden sich lohnt.

C. O.: Das ist großartig.

P. S.: Dabei bin ich nicht einmal sicher, daß ich verstehe, was Char selber meint. Aber soviel scheint mir klar, hier ist die Dimension der kleinen Weltuntergänge, der Alltagsnichtungen von allem mit im Spiel – über die habe ich in »Weltfremdheit« nachgedacht. Bilder fallen nur auf, wenn man lange genug keine gesehen hat. Und wenn du fragst, was heißt lange genug, sage ich: Lange genug ist das Maß für Zwischenweltuntergänge. Für die meisten Menschen reicht eine durchgeschlafene Nacht, eine Gedankenabschweifung, ein Spaziergang ums Quadrat. Danach lohnt es sich schon wieder, Sachen zu sehen. Souverän die Augen schließen, das ist vielleicht ein dichterisches Codewort für wegdriften, sich erholen.

C. O.: Peter, ich glaube, wir sind wirklich mit unserem Experiment am Ende. Oder gibt es noch etwas, was du im Rückblick auf diese Gesprächsstunden hinzufügen willst? Eine Schlußbemerkung vielleicht...

P. S.: Carlos, wir haben so viel geredet! Wenn ich geahnt hätte, was für eine Tortur daraus wird, hätte ich mich nie mit dir verabredet. Und da soll ich wirklich noch mehr sagen? Nun gut, ich sage noch etwas über den Trieb, noch etwas zu sagen... Irgendwo in Ostafrika, in Tansania, glaube ich, haben sie vor ein paar Jahrzehnten das Skelett eines Menschenaffenweibchens gefunden, die schon mehr Frau als Äffin gewesen sein soll. Lucy nannten die Forscher sie, die Beatles haben einen Song über sie gemacht, einen ziemlich debilen. Ich frage mich, ob Lucy beim Ausblick in die Savanne Vorgefühle hatte. Hat sie uns geahnt? Ich weiß nicht. Es würde mich beruhigen, mir vorzustellen, daß die Tiere uns kommen gesehen haben. Es wäre dann auch leichter, sich mit den Tieren zu identifizieren. Lucy war wahrscheinlich mehr neugierig als ängstlich, ihre Neugier wäre wohl der Sinn, mit dem sie uns hätte ahnen können. Sie lebte in einer Zeit lange vor der Sprache, da lag der Logos noch in weiter Ferne, sie lebte eine Million Jahre vor der Mündlichkeit. Und doch gehört sie schon zu uns, behaupten die Anthropologen. Darum wäre Lucy auch für Schriftsteller ein geeigneter Anfang. Manchmal frage ich mich, mit welchem Recht, in wessen Auftrag schreibst du eigentlich? Alle Autoren fragen sich das hin und wieder. Was soll man da sagen? Wer steht denn hinter dir? Es gibt Kollegen, die spielen, wenn die Frage aufkommt, den einsamen mystischen Nichtssager und geben scheinbar traurig zu, daß sie niemanden hinter sich haben. Alles aus ihnen selber. Ich habe früher gelegentlich auch die Versuchung verspürt, es so zu machen, aber wenn ich mir's recht überlege, ist es gelogen. Bei dem Tier, das Sprache hat, ist Einsamkeit immer eine Lüge. Man hat so viele, die geredet haben, hinter sich, auch wenn sie einen nicht wie ihren Abgesandten nach vorn schicken – und Lebewesen, die reden werden, wird es wohl auch künftig geben. Der Sprachenstrom ist so groß, er geht sehr viel weiter zurück, als die Schreiber üblicherweise zugeben. Von den Mythenmachern und Religionsstiftern will ich gar nicht reden, auch nicht von den Klassikern, den Philosophen, den Dichtern – die sind uns ohnehin noch zu nahe, wir weichen ihnen eher aus, als daß wir uns von ihnen Aufträge geben ließen. Lucy ist da schon günstiger plaziert, sie ist wirklich sehr weit weg, trotzdem gehört sie, wenn's wahr ist, schon zur Familie. Ich stelle mir vor, da hockt so eine agile Halbaffendame neben mir, manchmal erscheint ein Glitzern in ihren Augen, sie spürt etwas kommen, auch wenn es Sprache für sie noch nicht gibt. Doch wer weiß, sie ahnt die Redewelt voraus, sie spürt, daß es Zuwendungen gibt, die durch die Luft fliegen, sie ahnt wohl auch, es gibt Wirkungen in die Ferne. Dann pufft sie mich in die Seite – ich kann mir nicht helfen, mir ist, als verstünde ich, was sie meint. Los, sag mal was. Auch ein Missionsbefehl, nicht sehr präzise, aber es reicht für den Anfang.

Nachbemerkung

Das hier wiedergegebene Gespräch hat am Sonntag, dem 4. September 1994, in München zwischen halb elf Uhr vormittags und halb drei Uhr nachmittags stattgefunden. Würde man die Tonbänder nicht nur auf das gesprochene Wort hin abhören, sondern auch auf die Hintergrundgeräusche, so hörte man sicher manchmal die Züge, die stündlich vom Münchener Hauptbahnhof über die Hochbrücke am Kolumbusplatz in Richtung Osten rollen. Ich habe die Nachschriften dieser Bänder, die Carlos Oliveira etwa ein Jahr *post eventum* anfertigen ließ, anfangs etwas mißlaunig überflogen; schließlich drängte sich der Eindruck auf, es könnten diese Augenblicksformulierungen doch über den unmittelbaren Anlaß hinaus von Interesse sein. Von neuem angesteckt durch die symphilosophische Atmosphäre des Dialogs, habe ich ein paar Tage darauf verwandt, die Nachschrift zu ergänzen und zu pointieren; was nun vorliegt, ist gegenüber dem Original etwa um ein Fünftel erweitert. Im Herbst 1994 wurden im Kulturprogramm des Bayerischen Rundfunks zwei jeweils ca. 40minütige Sendungen mit Auszügen aus dem Gespräch ausgestrahlt; ich danke Peter Hamm sehr herzlich für seine wohlwollende Betreuung dieser Sendungen. Von diesen ist 1996 unter der Herausgeberschaft von Stephan Krass in der *autobahnuniversität* des Carl Auer Verlages in Zusammenarbeit mit der Edition S2 Kultur des Südwestfunks eine leicht bearbeitete Ton-Cassetten-Veröffentlichung erschienen unter dem Titel: Peter Sloterdijk – Vorträge und Gespräche 6, Weltfremdheit und Weltlosigkeit, Peter Sloterdijk im Gespräch mit Carlos Oliveira. Das Tondokument gibt Lesern und Hörern Gelegenheit, sich eine Vorstellung vom Abstand zwischen der mündlichen und der schriftlichen Version des Gesprächs zu machen.

Nach einigen Schwankungen haben Carlos Oliveira und ich beschlossen, auf ein Nachgespräch zu verzichten. Es schien anfangs naheliegend, den Bogen nachzuspannen und aus der Distanz von fast zwei Jahren noch einmal anzusetzen: zum einen, um spürbare Versäumnisse zu beheben, zum anderen, um aktuelle Vorfälle vor dem Horizont unserer zeitdiagnostischen Grundthesen zu kommentieren. Beide Impulse hielten kritischer Überlegung nicht stand; was den ersten angeht, so spricht gegen ihn, daß an eine repräsentative Liste von Themen mit kulturphilosophisch relevantem Profil von vorneherein nie gedacht war; in bezug auf den zweiten wäre die Gefahr zu groß, sich in einer willkürlichen Selektion von Ereignissen zu verlieren, die alle für irgend etwas symptomatisch wären. Ohne Zweifel ist seit dem September 1994 viel geschehen, was zeitdiagnostisch fruchtbare Kommentare auslösen könnte; man dürfte reden über den Streik der französischen Verkehrsbetriebe und die Krise des neuzeitlich-westlichen Sozialstaats; über die vorübergehende Zwangsbeurlaubung der Staatsangestellten in Washington und die amerikanische Schuldenkrise als Symptom der Simulationsökonomie; über die Privatisierung des Jugoslawienkrieges durch einen trotzigen Dichter und die postmoderne Ästhetik der Peinlichkeit; über die Rinderwahn-Epidemie und die Rolle von Paniken in der medialen Regie moderner Massengesellschaften; über eine Reihe von signifikanten Terroranschlägen und die Grenzen des Vernetzungs-Pazifismus – und so weiter. Dergleichen wäre immer zugleich interessant und beliebig.

Wenn an der Unterlassung eines Nachgesprächs etwas zu bedauern bleibt, dann am ehesten dies, daß die beiden Gesprächspartner um die Gelegenheit kommen, ihre Ideen über das Verhältnis von Geist und Zeit nachträglich schärfer zu machen. Dieses Bedauern läßt sich relativieren durch die Hoffnung darauf, daß die Leser großzügig, selbständig und streng genug sein werden, um aus eigener Erkenntnis und Erfahrung zu ergänzen, was hier undeutlich und unausgesprochen geblieben ist.

P.S.